好孩子 成就 好家风

潘鸿生——编著

家教成败看家风

北京工业大学出版社

图书在版编目（CIP）数据

好家风成就好孩子／潘鸿生编著．— 北京：北京工业大学出版社，2015.1（2022.3重印）
ISBN 978-7-5639-4189-6

Ⅰ.①好… Ⅱ.①潘… Ⅲ.①家庭教育 Ⅳ.①G78

中国版本图书馆CIP数据核字(2014)第303311号

好家风成就好孩子

编　　著：潘鸿生
责任编辑：丁　娜
封面设计：清水设计工作室
出版发行：北京工业大学出版社
（北京市朝阳区平乐园100号　邮编：100124）
010-67391722（传真）　bgdcbs@sina.com
经销单位：全国各地新华书店
承印单位：唐山市铭诚印刷有限公司
开　　本：787毫米×1092毫米　1/16
印　　张：14
字　　数：197千字
版　　次：2015年1月第1版
印　　次：2022年3月第2次印刷
标准书号：ISBN 978-7-5639-4189-6
定　　价：39.80元

前　言

中华民族传统美德在家风中有突出的体现，这样的家风指引人们传播正能量。家风又指门风，是一家或一族世代相传的道德准则和处世方法。家庭是社会的细胞。许多良好的家风，必然会汇聚成良好的社会风气，这是民族兴旺发达、国家繁荣昌盛的必要条件。我们中华民族有重视家风的传统，集中体现在讲究道德、勤俭持家、看重亲情、严于教子等方面。

当今社会，虽然没有传统意义上的大家族，但重提好家风，践行好家风，能够净化社会风气和净化人的心灵。我们身上流淌着祖先的血脉，承载着祖先的基因，就必须传承祖先的德行，脚踏实地、诚实做人。传承良好家风，努力营造和谐家庭氛围，不仅是道德教化，而且是家庭精神的体现。随着社会的发展，应该在新的条件下，继承和发扬这个优良传统。

家风与家庭教育，两者密不可分，优良的家风催化着优良的家庭教育，优良的家庭教育孕育着优秀的子子孙孙。

俗话说：家和万事兴。家和必须家风要正，有良好的家风就有良好的家庭教育。家庭教育的关键是父母，父母的行为和教育方法对孩子的影响极大。父母是孩子的第一任老师，父母的行为会影响孩子的一生，从家庭教育的角度说，父母素质高，家庭环境好，家风正，培养出优秀孩子的概率就越高。

家风是一种综合的教育力量，它是由思想、生活习惯、情感、态度、精神、情趣及其他心理因素等多种成分组成的综合体。家风通过日常生活影响孩子的心灵，塑造孩子的人格，是一种无言的教育、无字的典籍、无声的力量，是最基本、最直接、最经常的教育，它对孩子的影响是全方位的，孩子的世界观、人生观、价值观、性格特征、道德素养、为人处世及生活习惯等，每个方面都会打上家风的烙印。可以说，有什么样的家风，就有什么样的孩子。

家风之所以重要，是因为它直接关系千家万户的家庭教育，关系千家万户子孙后代的健康成长，同时也关系整个中华民族的核心价值和优秀传统文化的继承与弘扬。

当然了，良好家风的树立要靠家庭成员的共同努力。每一个人都有责任有义务从我做起、从自身做起，让这良好的家风如长河之水代代相传，永不停息。

目　　录

第一章　家教成败看家风，好家风塑造好孩子

第二章　做事先做人，做好孩子品德行为的引路人

第三章　有礼走遍天下，让孩子做一个有教养的人

第四章　提高人际交往能力，让孩子拥有好人缘

第五章　给心灵洗个澡，让孩子的内心变得更强大

第六章　教子有方，让孩子养成良好的做事习惯

第七章　放手去爱，让孩子做自己的小主人

第一章 家教成败看家风，好家风塑造好孩子

良好的家风是孩子健康成长的基石。家风虽是无形的、潜在的，但对孩子的影响却是巨大的，它对孩子的成长既是一种耳濡目染、潜移默化的教育，又是孩子行为规范的『调节器』，更是陶冶孩子道德情操的天然『熔炉』。因此，家长首要的任务就是要树立一种有利于孩子成长的良好家风。

家教成败看家风

每个家庭都有自己的家风。所谓家风，顾名思义，就是一个家庭的风气、风格与风尚，指的是一个家庭的所有成员共有的生活习惯、思维方式及价值追求的总和。从文化学的角度评说，又可理解为一种家庭文化或家庭精神。

家风是由家庭成员的态度、行为及舆论营造的，存在于家庭日常生活中，表现在成年人处理日常生活中各种关系的态度和行为中。良好的行为习惯和正确的舆论营造良好的家风；不良的行为习惯和不正确的舆论营造不良的家风。

家长在日常生活中习惯性的言谈举止树立了特定的家风，孩子在这种特定家风的熏陶下，会经过耳闻目睹接受影响。这其中，模仿起着重要的作用。不管家长是否意识到自己的言谈举止会对孩子产生某种性质的影响，孩子都在模仿。孩子的行为习惯折射着家长的人格和行为习惯，是父母的一面镜子。

在美国有一个关于家风作用之大的典型案例，说的是同时代的嘉纳塞·爱德华和马克思·朱克两个家长，因为个体的差异，形成不同的家风，影响后人至深。爱德华是博学多才的哲学家，勤奋好学、做事严谨，为子女树立了良好的风范。他的子孙中有10位当过大学校长，100多位是教授，80多位是文学家，60多位是医生，还有一位当过副总统。而朱克是远近闻名的酒鬼和赌徒，毕生玩世不恭、浑浑噩噩、无所事事。他的子孙有70多人当过乞丐和流浪者，40多人酗酒致残或身亡，60多人犯过诈骗和盗窃罪，10个人是杀人犯，总之没有一个是有出息的。两个家庭的家风在潜移默化中影响着后代，父传子、子传孙，子子孙孙世代相濡染、相延续。

从上面的例子中可以看出，家风对孩子的发展具有极其重要的作用并影响其一生的发展。例子中，嘉纳塞·爱德华家由于良好的家风，因此人才辈出；马克思·朱克由于家风恶劣，从小缺少良好的教育，因此，其子孙大都走上歧途。

家庭是孩子生活的第一环境，是孩子进行多种有目的活动，获得相应的学习和锻炼以及同家长、朋友发生相互作用的场所。家风在孩子的成长过程中有着举足轻重、不可替代的作用。著名法国作家罗曼·罗兰曾说过："生命不是一个可以孤立成长的个体。它一面成长，一面收集沿途的繁花茂叶。它又似一架灵敏的摄像机，沿途摄入所闻所见。每一分每一寸的日常小事，都是织造人格的纤维。环境中每一个人的言行品格，都是融入成长过程的建材，使这个人的思想感情与行为受到感染，左右着这个人的生活态度。环境给一个人的影响，除有形的模仿以外，更重要的是无形的塑造。"从而我们可以看出，要想取得家庭教育的成功，必须树立良好的家风。

父母是孩子的第一任老师，孩子日后成为什么样的人，有什么样的喜好，以及他的性格特征及思辨能力，可以说跟家风有很大的关系，家长的言传身教、一言一行，对孩子有耳濡目染的熏陶作用，这种潜移默化的影响是家庭教育的基本方式，它甚至比学习教育、社会教育要强烈、深刻。家庭中亲密的夫妻关系、和谐的亲子交往、深厚的兄妹情谊、平等的家庭氛围，能让孩子在和谐的环境中熏陶成长，学会处理各种关系，讲文明、懂礼貌、敬重师长、关爱他人，使孩子具备热情、开朗、进取、正直、真诚等品质，生活在这种关系融洽、气氛和谐的家庭中的孩子，易形成良好的性格特征。

晚清"中兴第一名臣"曾国藩的一生是"修身齐家治国平天下"的真

实写照，他的文集《曾文正公家书》，与朱柏庐的《治家格言》一样，成为传统家教的经典。据说，蒋介石的案头有两样东西是少不了的：一部是《圣经》；一部就是《曾文正公家书》。毛泽东青年时代也推崇曾国藩，《湖湘文化与毛泽东》一书中对此就有较翔实的论述。

《曾国藩家书》记录了曾国藩在清道光三十年（1850年）至同治十年（1871年）间的翰苑和从武生涯，近1500封。所涉及的内容极为广泛，包含曾国藩一生的主要活动和其治政、治家、治学之道。《曾国藩家书》上至祖父母、父辈，中对诸弟，下及儿辈。他一生强调立志，常说："志不立，天下无可成之事。"他为自己写下座右铭："不为圣贤，便为禽兽；不问收获，但问耕耘。"在其家书家教中，立志之论甚多。立志之后，据此求过，自律自勉。在持家教子方面，曾国藩主张勤俭持家、努力治学、睦邻友好、读书明理。他在家书中写道："余教儿女辈惟以勤俭谦三字为主。"

曾国藩还留有著名的治家八字："早、扫、考、宝、书、蔬、鱼、猪"，他给儿子纪泽的信中说："昔吾星冈公最讲求治家之法，第一早起，第二打扫洁净，第三诚修祭祀，第四善待亲族邻里……故余近写家信，常常提及书、蔬、鱼、猪四端者，盖祖父相传之家法也。"

不管天下风云变幻，几番改朝换代，曾家数代却无一废人，未出一个纨绔子弟，这与曾家的家风是分不开的。

家庭教育是一个连续的过程，它的每一个细节都带着家庭风气的影响；而家庭风气不是想出来的，是由家庭中每个成员的生活和自己的操行创造出来的。如果孩子的言谈举止有失规范，即使是精心研究出来的教育方法也无济于事。只有正当的家风，才能给孩子创造良好的成长环境，良好的家风是孩子终身的财富。所以，每一位家长都要把握好自己的言行，为子女的成长树立良好的家风。

好家风源于好榜样

好的家风就是一所学校。在家风树立中，家长的作用是十分关键的。作为家长，有责任、有义务为孩子创造一个团结和睦、积极进取的良好家庭环境。古人云，治人者必先自治，责人者必先自责，成人者必先自威。在家庭中，父母是子女的老师，既要重言教，更要重身教，以身作则，模范带头，这样才能为树立良好家风奠定下坚实基础。

王征是一名初二的学生，从小家庭生活非常优越，父母在外忙于生意，家中请了两个保姆，一个负责家中日常生活，一个专门负责照顾王征，一切都不用王征动手。小的时候有时王征出于好奇学着保姆的样子要擦桌子擦地，妈妈就说："没出息，这些事不用你干，你天生就不是干这个的命，这是下人做的事情，你要做人上人。"幼小的王征看到母亲每天对保姆挑三拣四，从来没有满意的时候，也渐渐地以为自己天生就是人上人，好吃懒做是人生最大的幸福。

在幼儿园时，老师让她摆一下椅子，她会说："我妈妈说干这种事没出息，我要做人上人。" 现在已是初中学生的王征仍然只习惯做"人上人"，对同学、亲戚、朋友指手画脚、吆三喝四，经常要求别人为她做事，却从来不肯为别人做一点事情。由于她的自私、懒惰、自以为是和狭隘，她没有朋友，内心孤独，而且学习怕吃苦，成绩差，没有人喜欢她。许多邻居也认为王征一家粗俗、傲慢、霸道、贪小便宜，不愿意与他们来往。更可悲的是，王征的父母亲仍不知问题的症结在哪里。

家风，对孩子成长有着至关重要的作用。家风正，孩子正。好父母、好家风，会给孩子以好的影响；反之，父母没有修养，家风不正，会给孩子以负面的影响。家庭教育，不仅是靠家长用言传，而且重在身教。因此，我们应当重视树立良好的家风，以促进孩子健康成长。

良好的家风，无关家庭贫富，亦无关父母文化程度，所关涉的乃是父母的德行素养。一个知识分子，可能在教育孩子方面差强人意；一对文盲父母，却可能培育出良善品德的孩子。一个孩子所处的家庭有什么样的家风，往往就有什么样的做人做事态度、为人处世伦理。对于孩子来说，父母的言行举止对其的影响至关重要。

在家风树立中，家长能够以身作则，给子女做出好的榜样，是家庭教育成功的重要保证。家长自身的言行举止，是无声的语言，家长做好了，子女自然要受到好的影响，会自觉地跟着家长学。正如马卡连柯所说："如果教育者个人有很多缺点，那么，任何的方法都是没有用的。"

家风是家庭教育的一个重要组成部分，它通过家庭成员尤其是家长的日常生活准则、行为习惯和思维方式，经常对孩子进行直接的教育和影响，往往比单纯说教、管教的作用大、收效好。它不仅影响孩子的现在，还会作用于他们的未来。所以，要形成好的家风，父母应以身作则、为人表率，不断提高个人的修养，力争将家庭变为孩子德行修炼和素质增强的课堂。

营造浓郁的学习氛围，树立好家风

浓郁的家庭学习氛围对孩子的成长起到至关重要的作用。古往今来的有识之士大都重视以学治家，把培养良好的学习家风与个人的修身立业联系在一起。

“学习风气”是家风中重要的一种，是培养孩子性情、提高孩子素养的重要方面。热爱学习、崇尚知识，让家庭充满学习氛围，这是一种智的追求。孩子在这种环境的影响下，久而久之，也会变成知书达理的“绅士”或“淑女”。

中国科学院心理研究所对北京1800名学生的家长调查表明，孩子喜欢和羡慕的家庭是父母热爱学习，常与孩子一起学习，有敬业奉献精神的和睦、温馨、快乐、文明的家庭。因为这样的家庭能给他们以亲近感、安全感和轻松感，让他们自主地学习，快乐地成长，是他们走向成功人生的摇篮。这个调查结果给人很大的启发：与孩子一起学习，做孩子学习的表率，做学习型家长，将亲子共学与亲子互动结合起来，营造适宜孩子成长的家庭学习环境，促进孩子全面发展，作为家长责无旁贷。

信息时代要求我们建立学习型家庭。无论父母做什么工作，都应该热爱学习，崇尚知识，让家庭充满学习气氛。孩子们一般喜欢并尊重有文化、有教养、好学上进、作风民主、举止文明、关系和谐的家长。特别是家长的学习兴趣在一定程度上会影响到学生的学习兴趣，从而间接地影响孩子的学习成绩。孩子生长在一种充满学习气氛的环境中，很容易萌发一种自发学习的需要，以至形成一种千金难买的自觉学习的行动。因此，家长应率先热爱学习，形成家风，以自己的言行带动子女。

一个人的隔壁住着父子两个人。每天晚上八至十点钟，家里的电视声儿没了，什么时候去这家，这家的父亲都在伏案写着什么，于是这位父亲是业余作家的事情就传了出去。后来他的孩子考上了北京某著名的学府，人们到他家祝贺，有人问“作家”，你写了那么多年，用什么笔名发表作品，有什么作品让我们拜读拜读。这位父亲很是惊讶，说：“我只是小学毕业，谁给你们说我是作家呀？”“那你每天在桌子上写的是什么呀？”父亲笑了，说：“孩子学习我看电视那怎么行？我不看电视孩子想看也不看了。我坐这两个小时，孩子也能纹丝不动地学习两个小时。作为家长我得给孩子做出样子啊！”人们问他那么多年每天都在写，写的是什么。他说抄书啊，孩子的语文书、数学书，他都抄，人们恍然大悟。

有什么样的家庭风气，就会培养出什么样的孩子。给孩子营造一个热爱学习、积极向上的家庭氛围，一定会造就一个爱学习、求上进的好孩子。

家庭是孩子最亲切的生长环境，父母是孩子的第一任老师。父母要从自身做起，增加自己的文化内涵，努力为孩子创建一个良好的、具有浓厚学习气氛的家庭环境。

金丽是一个爱学习、爱读书的好孩子。她的爸爸妈妈很重视对她的家庭教育。金丽刚开始上小学的时候，爸爸就立下了一条规矩：每天吃完晚饭稍作休息后，全家成员安静地学习一小时，谁都不能例外，并且要持之以恒。直到现在这个规矩还在发挥作用。每天吃完饭后，爸爸都会主动地关掉电视，拿出报纸或读物看，妈妈也拿出小说阅读。在这种气氛的熏陶下，金丽当然也不甘落后了。她安心做作业，有时也会按照父母的指导看些有意义的书籍。这样的家庭环境让金丽养成了勤奋好学的好习惯，一直持续到现在。

温馨的家庭生活和良好的家庭学习氛围是孩子成长的阶梯。如果父母爱学习，家庭学习气氛浓厚，孩子就会不自觉地养成爱学习的好习惯。在这样的家庭环境中，孩子会自觉地模仿父母的言行举止，督促自己的行为，做到勤奋好学，教育的目的也会更轻松地达到。同时，在这种环境中成长的孩子往往具有较强的进取心和探求欲望，往往也能充分认识自我价值，其发现、探索和解决问题的能力可以得到较好的发展。

家庭的风气每天都在潜移默化地影响着孩子的成长，良好的家庭学习环境沐浴着孩子不断求知的心灵。习惯靠养成，环境靠创造，让我们都能给孩子一份蔚蓝的天空吧。

注重家风，构建和谐的家庭关系

良好家风的重要基础是团结、平等、和谐的家庭关系。所谓“近朱者赤，近墨者黑”，良好的家庭氛围是孩子的身心得以健康发展的必要条件。而家庭氛围又是以家长为核心的家庭成员来营造的，尽管氛围看不见也摸不着，但它时时刻刻从正反两面影响着孩子。

如果夫妻之间感情融洽，关系和谐，相互尊重，态度和悦的话，受家长的影响，孩子也会情绪乐观，热情活泼，健康向上。相反，如果夫妻不和，习惯不良或沾有恶习，会对孩子产生消极的影响，长此以往，孩子的道德品质、思想感情、健康状况、学习能力都会出现问题。

有一个聪明的小男孩，各门学科成绩都不错，但是恶作剧的花样层出不穷。他会偷偷地在同学的新衣服上画一些乱七八糟的图案，把吃过的口香糖粘在女同学的头发上，把同学的作业本藏起来……终于有一天老师发现了问题，孩子在作文中写道："我的爸爸妈妈都很喜欢我，可是我不快乐。他们在家里不是吵架就是谁也不理谁。有一天，我又在学校干坏事了，我看见爸爸妈妈在卧室里说了很长时间，我不知道他们说写什么，可是我很喜欢他们俩和和气气的样子。我真希望老师天天到我家，这样，爸爸妈妈就不吵架了，那该多好呀！"

家庭是孩子生活和接受教育的第一个课堂，家庭影响在人的一生中起着奠基的作用，孩子的成长需要一个宽松愉悦的环境。家庭关系不正常，互相指责、埋怨、争斗，孩子感受到的是冷淡、冷酷、敌对情绪，心灵深处就会留下痛苦的伤痕，甚至会影响到学习成绩。

为了给孩子的成长创造一个良好环境，家庭成员之间应该和睦相处，互相关心，互相爱护。父母对孩子也要民主，主动倾听他的意见、平等协商。家庭成员间都应注意情感的投入，这是一种心与心的交互，"爱要说，爱要做"，彼此给予温暖、给予关怀。为了孩子，一定要加强家庭成员之间的团结，给孩子创造和谐的家庭环境。

大文豪托尔斯泰曾经说："夫妇的和睦关系是成功教育孩子的首要条件。"夫妻之间的爱会给孩子带来心理安全感，孩子是首先从这里体会到什么是爱，什么是关怀，也从这里开始学习如何与人相处的。如果说夫妻间的和谐关系都没有了，那很难说什么温馨的家庭环境了。

有一次，小明的父母因为一点小事吵了起来，小明听到后扔下手里的玩具跑了过来，爸爸看到小明过来了就停止了争吵，但妈妈的火气很大，她不依不饶地对爸爸大吵特吵，终于爸爸也没能坚持住，俩人的争吵不断升级，“离婚”成了双方结束争吵的最后定论。小明看着沉默下来的爸爸妈妈说：“你们要离婚吗？你们不要我了吗？你们还爱我吗？”爸爸妈妈这才意识到自己犯了一个多么愚蠢且重大的错误。爸爸妈妈立刻语无伦次地向小明解释说：“爸爸妈妈是在排练节目呢，过几天要在单位表演……”费了半天口舌，两个大人才终于消除自己的争吵给孩子带来的恐惧。

父母是孩子的第一任老师，一言一行对孩子有着潜移默化的影响。因此，父母之间要有民主作风，即使发生矛盾或者摩擦，双方也要心平气和地讲道理，妥善处理，以身作则。要求孩子做到的自己首先做到，而不能在孩子面前大吵大闹、拳脚相加，用粗暴的方式解决问题。只有夫妻和睦，才能创造温馨的家。

我国著名作家、儿童文学家的冰心就是在温暖和谐的家庭中而成才的，她从小沐浴在海洋般深沉的父爱、母爱里，还享有丰厚的手足之情。她与三个弟弟之间感情深厚，他们常常在一起谈天说地，谈古论今，游戏嬉闹。冰心童年时代的处境，确实是难得的，它使小冰心一直沐浴在爱的家庭氛围中，使这个聪颖过人、才思敏捷的小姑娘，形成了善良的心地和温柔，文雅的性格，如果说“五四”时代铺就了冰心一生的道路，形成了她文学创作的丰收，那么，她这个温暖和谐的家庭，就是她获得这些成就的最为重要的原因。

冰心的家庭给家长们一个重要的启示：应重视家庭生活，努力营造温暖和谐的家庭气氛。家庭成员之间感情融洽，团结和睦，互相关心照顾，能使孩子感受到幸福。在这种家庭中，孩子自然会感到温暖、快乐，还会有安全感，情绪开朗、性格活泼，能热情关心他人，敬爱父母和尊重长辈。相反，在家庭关系冷漠、紧张、争吵不断、纠纷常起的家庭中，孩子焦急恐惧、抑郁寡欢，缺乏安全感、自信心，往往变得性格暴躁、敌对、孤僻、胆小，对人冷漠，阻碍身心的正常发展。许多心理学家认为，孩子早期的生活经历、情绪、经验对他以后心理的健康发展有极重要的影响。因此，一个温馨的全体成员人际和谐的家庭对孩子的健康成长尤为重要。

在欧美国家中，流传着一首极富哲理的《育儿歌》：“挑剔中成长的孩子学会苛刻；敌意中成长的孩子学会争斗；讥笑中成长的孩子学会羞怯；羞辱中成长的孩子学会自疚；宽容中成长的孩子学会忍让；鼓励中成长的孩子学会自信；称赞中成长的孩子学会欣赏；公平中成长的孩子学会正直；支持中成长的孩子学会信任；赞成中成长的孩子学会自爱；友爱中成长的孩子能感受到关怀。”可见，孩子的成长与环境的影响密切相关。孩子小时候大部分时间在父母身边度过，所以家庭环境对孩子的成长有着相当重要的影响。

家庭作为社会诸因素中最先接触的因素，对孩子性格的形成起着非常重要的作用。做父母的要想让孩子成为一个身心健康的人，就不能不重视家庭这个重要的阵地，努力为孩子营造一个平等、团结、和谐的家庭氛围。

立家规，树家风，好家规带来好家风

俗话说：“国有国法，家有家规。”一个国家有一个国家的法律，一个家庭有一个家庭的规矩，也就是说，做任何事都要懂规矩、守规则。

所谓家规，就是家庭成员共同遵守的道德行为准则，它是家风的一种表现形式。每个家庭都有“家规”，它是“家庭文化”中的一部分。没规没矩的家庭，家长随心所欲，孩子也无所适从。以自我为中心、任性、缺乏责任心，都是没有规则意识的表现。世界上没有绝对的自由，有多大的自由就有多大的责任。约束来自于规矩，制定家规就是从小培养孩子的规则意识，让孩子有章可循、有“法”可依。

宋朝的荣国公吕希哲，他的母亲申国夫人教导儿子样样事情都要循规蹈矩。吕希哲只有十岁的时候，无论寒来暑往，整日站在他的母亲身旁，母亲不让他坐他是不敢坐的，天天一定要衣冠整齐才能见长辈。平常在家里，不管天气怎样热，在长辈身边，也不准脱去头巾和鞋，衣服必定要整齐，更不准到茶坊酒馆里去，所以市井上不正当的言语，不正当的声音，吕希哲的耳朵并没有听到过；不正经的书本，吕希哲的眼睛没有看见过。因此，后来吕希哲成就了有德行的、与众不同的大人物。

在家庭中适当制定一些简单易操作的家规，对于规范孩子的言行、培养孩子良好的教养非常重要。苏联教育家苏霍姆林斯基曾说：“良好的家规可以提醒孩子，防止孩子犯错误，规定应该做的和不该做的及不能做的，明确是非曲直和人生目标，有利于孩子成长成才，避免家庭教育的随意性、盲目性。”清朝著名学者纪晓岚在教育子女上也同样制定了“四戒”、“四宜”的家庭规范。由此可见，为孩子制定合理的规则，立出明确的界限，是父母的重要职责，也是将孩子养成人成才的必要手段。

“没有规矩，不成方圆”，足见规矩的重要性。孩子属于未成年人，年龄尚小，自制力不强，易于诱惑，这些特点告诉我们教育孩子光靠自觉是不行的，需要一定的外力和强制力。家规就是一种有效的外力，它具有强制作用，可以约束孩子的行为，有利于孩子的健康成长。因此，家长对待孩子的教养态度、教育理念等直接对孩子的发展具有非常大的影响，家规定得好，孩子也更容易成功。

小颜是小学二年级的学生，老师常常夸她比其他同学懂事。这其实与其父母对她的教育有很大的关系。在小颜五岁的时候，父母就给她定了简单的家规：自己洗澡，九点睡觉，尊重师长，爱护同学，遵守公共秩序等，而且执行得很坚决，在女儿面前从不表现出心软。几年坚持下来，小颜就养成了良好的习惯，每天自己起床，自己吃早饭，自己去上学，晚上做完作业后看一会儿电视，然后自己洗澡睡觉，从不用父母操心，对老师也很尊重，而且善于帮助别人，学习成绩也很优秀。

事实证明，为孩子制定适当的家规，可以规范孩子的行为，树立良好的家风，将孩子培养成为有用的人才。毋庸讳言，在现实生活中，处处充满了诱惑。作为社会中的一个细胞，因地制宜地制定一些家规，来作为家庭成员生活的底线，这对家庭的幸福生活无疑是有利的。同时，由于有了“家规”，父母和孩子一起遵守，对孩子起了潜移默化的教育，这更加有利于孩子的健康成长。

制定家规是进行家规教育的前提条件。遗憾的是，现在一些年轻的家长，受社会各种因素的影响，缺少家规意识，在家庭生活中，明显的缺少规矩的约束，这不但对家庭建设不利，对孩子的成长也没有好处。所以，作为一个文明家庭都应该有一个既能约束家庭成员的言行，又符合社会一般公共道德准则的家规。

在具体制定家规时，应该注意以下几点：

1.让孩子理解家规的目的和意义。制定家规的目的，不应过多地限制孩子的自由，而是让孩子明白，无论是在家里还是学校或社会上都必须接受并遵守一些规则。让孩子明白对与错，是非曲直，以便孩子能够更快、更健康地成长，也有利于家长更好地把握教育的分寸。

2.制定家规制要尊重孩子的成长特点。制定家规要符合孩子年龄的特点，要符合实际，过严、过宽都不利。家规要尽量简单，根据年龄选择最重要的几条，不要长篇大论惹人烦。另外，制定家规最好征得孩子的同意，如果能和孩子共同讨论更好，孩子认同了才有自觉执行的基础。

3.有落实家规的措施。有了家规就要认真贯彻执行，家规定得再好，不执行也是无用的。家规要有具体措施。比如，落实文字，人人熟记；定期评价，表扬批评；家长示范，带头自检；互相监督，发扬民主；有人违规，适度惩罚；记家庭日记、不断总结等都是可行的方法。总之，落实家规是家规制约的关键。要落实好就要经常提醒孩子按家规去做，建立孩子执行家规的意识，处处用家规提醒孩子，事后用家规进行总结对照，使家规真正成为约束孩子行为的规范。

4.家长与孩子共同遵守家规。在进行家规教育时，不少父母很容易有专制的做法。要使家规教育更有效，父母应该清除“子从父”的封建伦理的影响，尊重孩子的人格，顺应和促进孩子的身心发展。家规既然是共同制定的，就应该共同遵守。孩子终究是要走向社会，在社会这个大熔炉里去磨炼的，社会上还有许许多多的规则，法律的、道德的、为人的、处世的、工作上的、生活中的等等。因此，作为父母，我们切记不能认为家规仅仅是给孩子制定的，相反，应该带头遵守，以身作则，以成为孩子学习的榜样、效仿的楷模，做好孩子人生的引路人。

热爱读书是一种良好的家风

读书是人类进步的最好途径。随着经济与科技的发展，现在的孩子对于网络、电视的依赖也越来越明显。众多教育专家都不约而同地指出网络和电视提供的许多信息是不利于孩子学习和成长的，多阅读有益的课外书籍才是积累知识的正确之道。读书可以使孩子增长见识，体会到书中文字的魅力，引起孩子内心的共鸣。

以国学大师钱穆、钱钟书等为代表的钱家家风，就是好读书、重教育的典范。有人问钱家为什么出那么多名人，科学家钱伟长戏说："我们钱家人喜欢读书，书读多了容易当官，当官的容易出名。"这种好读书的家学渊源相传至今，钱玄同父子、钱均夫父子、钱穆叔侄、钱学熙父子等钱氏后代都是勤奋好学的代表人物。钱家的家风中，还有互爱互助的家庭氛围，这保证所有钱氏子孙无论贫富，都有受教育的权利。

西方一位教育名人曾经说过："阅读是一种终身教育的好方法。"培养孩子的阅读兴趣，孩子喜欢读书是父母献给孩子最好的礼物，也是家庭教育成功的标志。

美国第43任总统布什很喜欢读书，他小的时候，母亲便常在睡前读书给他听。

为了鼓励布什读书，母亲还在家里摆放了许多图书，目的就是让书籍可以触手可及，当孩子想看书的时候随时都能拿到手。这些图书的种类很多，大都是母亲为小布什买来的，也有跟别的家庭交换各自已经读熟了的书。每逢节假日或小布什生日的时候，母亲都不忘记送给他最好的礼物——书。

不仅如此，母亲还动员全家都来参加读书活动，组织“家庭朗读”小组。不同的人讲故事会使孩子有新鲜感，所以母亲动员小布什的父亲、爷爷、奶奶等人读故事给他听，这样互动的交流让小布什受益匪浅。

“书是知识的源泉，书是孩子的良师益友”，读书对一个人一生的发展非常重要，它不仅使人知识广博，更重要的是它能陶冶人的品德，使人的精神内涵更加丰富。正如莎士比亚所说的：“生活中没有书籍，就像没有阳光；智慧中没有书籍，就像鸟儿没有翅膀。”

读书是获得知识的主要渠道，80%的知识是通过阅读获取的，所以，培养孩子从小爱阅读的习惯很重要。孩子一旦对阅读产生了浓厚的兴趣，就会燃起求知的智慧之火，这样，家长就为孩子的成功铺设了一条道路。

中国一代文学巨匠巴金先生小的时候，他的母亲就很注意培养他的阅读能力。

母亲经常教巴金背诵古代诗词。“多少恨，昨夜梦魂中。还似旧时游上苑，车如流水马如龙。花月正春风……”母亲把这样文字优美、意境深刻的诗词，像念儿歌一样念给儿子听。小巴金也像学儿歌似的跟着母亲读，尽管还不明白这些诗词的意思，但他却十分用心地学。

母亲常常用一些白纸订成好几本小册子，每天从诗集中抄写一首诗词写在小册子上，然后发给巴金和其他儿女。那一行行隽秀的文字，整齐地排列在小册子上面，让孩子们有了舒服的感觉。每天晚上，母亲都要把孩子们叫到身边，让他们站着排成一排，手里捧着小册子。在昏暗的灯光下，母亲用温柔的声音给他们读着这些词句。母亲先是一个字一个字地教，然后，再把一整句诗词连起来教，并为孩子们讲解其中的含义。等他们全读懂后，母亲就拿出印泥让孩子们在学过的那首诗词上做标记。第二天晚上，母亲又会把孩子们召集到一起，温习前一天学过的诗词，然后再开始教新的诗词。这就是巴金最早接触的文学，他至今还记得那白纸上一个个隽秀的小字。

母亲的教育方法毫不死板，而且和颜悦色，很少发脾气。这使巴金从来没有感觉到学习的压力和苦楚，而是非常轻松愉快地和母亲共同徜徉在文学的海洋之中，从此以读书为乐，他说："我们从没有一个时候觉得读书是件苦的事情。"

母亲用自己的一言一行影响着巴金，使得巴金从小就接受了文化的熏陶。也许正是童年时代的这种美好的读书经历，让巴金喜欢上了读书，渐渐走上了文学之路，成为享誉海内外的文学大师。

阅读，是一种使孩子终身受益的好习惯。"授之以鱼不如授之以渔"，为人父母者，要从小重视培养孩子阅读的兴趣。

明朝著名书画家徐渭，晚年曾撰写了一副令人费解的家教对联："好读书，不好读书；好读书，不好读书。"此联妙在一个"好"字，语意双关，耐人寻味：少年时期正是读书的好时光，可惜因不知读书的重要而不喜欢读书；年纪老了，懂得读书的重要了，也想好好读点书了，可惜因老眼昏花，力不从心，已经不能好好地读书了。徐渭这是告诫子孙：要珍惜时光，趁早好好读书。

阅读能力是一种综合能力，它不是一朝一夕可以形成，而是循序渐进的一个过程。孩子由于受年龄、知识和生活环境所限，不论在阅读习惯、方法和材料等方面都会遇上很多困难。而父母作为孩子的第一任教师，就成为孩子阅读的启蒙者。因此，父母要担负起阅读教育的职能，培养孩子广泛的阅读兴趣。

为孩子创设良好的阅读环境

一个家庭有没有书，孩子是不是经常能接触到书，这与孩子是不是喜欢阅读有着很大的关系。所以说，环境对孩子的影响很大，要想让孩子喜欢阅读，在家里就要用心布置方便阅读、刺激阅读的环境。

著名学者、年过八旬的柳北岸先生不但精神矍铄，而且记忆力好得惊人。谈起童年趣事，他一桩一桩说得眉飞色舞；聊及旅行趣闻，他一件一件讲得兴高采烈；说起读书心得，他更是一则一则说得兴味盎然。思路之清晰，描绘之生动，着实令人自叹不如。他的儿子蔡澜先生这样评价父亲："父亲不老，只因他终生读书。"

柳北岸先生有一间书房，墙壁四周镶嵌着高达天花板的书橱，橱内密密麻麻地放满了古人和今人的书。对于他来说，一日不可无书。他的几个孩子，分别是艺术界和教育界的佼佼者，他们都是手不释卷的爱书人。这一份爱书的品质，是柳北岸先生当年颇费苦心而又不露痕迹地对他们培养而形成的。柳北岸先生回忆起如何教育孩子时笑眯眯地说：

"我买了大量的书，放在地上，任由孩子们看。他们把书翻得乱七八糟，东南西北丢得满天满地，我一声不响地替他们收拾。隔一段时间，又买进另一批新书，任由他们翻。我从来不逼他们读，可是，他们见我读得津津有味，而满屋子的书又伸手可及，一个个都自动地成了爱书人。"

读书需要有一个良好的氛围，如此才能保证孩子心情愉悦、注意力集中地读书。所以父母要尽可能为孩子创造有趣、轻松、自在的阅读环境。正所谓书香门第多才子，一个最重要的原因就是他们家庭读书的氛围好。如果父母本身都有阅读习惯，言传身教，自然能给孩子良好的影响。

激发孩子的阅读兴趣

兴趣是最好的老师，有了兴趣，做任何事情，你都会主动去做。没有兴趣，想做好一件事情是很难的。只有培养了孩子的阅读兴趣，孩子才能主动去读书，从丰富的书籍中去吸取营养，丰富自己，充实自己，不断提升自己的素质。

宋瑞是个聪明的孩子，但是就是不爱读书，写作文更是无话可说，错字连篇。父母看在眼里，急在心上。为了提高他的语文能力，父母决定陪孩子一起读书。每天晚上放学后，孩子完成好作业，父母就一起陪他阅读，《格林童话》、《丁丁上学记》、《一片叶子落下来》、《木偶奇遇记》、《与达尔文一同航行》等都是他们的“好朋友”。三个人先是一起读一本书，然后讲里面的情节，听的人互相补充，再后来，每人看一本，看完交换，然后召开家庭故事会，讲书里精彩的片段。遇到不懂的问题互相请教，或者在故事会上提问讲故事的人，三个人的读书活动影响了宋瑞的爷爷奶奶，两位老人也申请加入了他们，宋瑞读书的兴趣更浓了。为了培养孩子的阅读习惯，宋瑞的父母还制作卡片，写出读过的书中的主要人物、事件，过一段时间再回过头来进行大串联，孩子乐在其中，宋瑞的父母也收获了亲子的喜悦。

经过一段时间的亲子阅读，宋瑞现在已经很喜欢读书了，星期天别的孩子经常到游乐场玩，宋瑞则经常泡书店，书店的阿姨戏称他是“小书虫”，他也乐得承认。

从小激发孩子的读书兴趣，对孩子一生的成长都有着重要的影响。孩子对阅读的兴趣在很大程度上是从家长栩栩如生、生动形象地讲故事开始的。因此家长应耐心细致地多陪孩子看看书，讲讲小故事。同时，还可以经常与孩子在一起交流读书的方法和心得，鼓励孩子把书中的故事情节或具体内容复述出来，把自己的看法和观点讲出来，然后大家一起分析、讨论。如果经常这样做，孩子的阅读兴趣就可能变得更加浓厚，孩子的阅读水平也将逐步提高。

把阅读选择的权利交给孩子

阅读是一种求知行为，也是一种享受。因此，在孩子阅读的过程中，家长除了需要对真正有害于孩子的书刊进行控制外，不应对孩子所读书刊的内容、类型和范围进行过多的约束和控制。

有一位年轻妈妈带着儿子到书店买书。儿子看到书店里有那么精美的好书，非常高兴，精挑细选了几本故事书和童话书。没想到年轻的妈妈看到了，气不打一处来，一把夺过儿子手中的故事书，拉长着脸说："就知道买这些书。看这些闲书有什么用，对你写作文又没有什么帮助。你怎么不去买几本作文书呀，也好学学别人是怎么写的。"结果，儿子兴致全无，一脸的无奈。

阅读是一种文化积累，是一种精神享受，是一种情感熏陶，是一种人格塑造，因此，不要把阅读看得过于功利，否则，会使孩子产生厌读情绪。家长在引导孩子选择图书时，要尽量满足孩子。只有孩子感兴趣，才会主动去看、去学。因此，在购书时，家长应该给孩子一定的自主权。一般说来，从上小学开始，大部分孩子在阅读内容的选择方面已逐渐形成自己的爱好和兴趣。对此，家长应注意观察、了解和引导，不宜过多地干涉，更不应按自己的意志强行改变孩子的阅读爱好，也不宜按自己的知识观和阅读习惯为孩子开列必读书目。否则，孩子就很容易对阅读产生厌恶和恐惧，从而失去阅读兴趣。

第二章

做事先做人，做好孩子品德行为的引路人

立业先立德，做事先做人。在家庭教育中，关注孩子的品德，让他们学会做人，这是最为重要的教育任务。一位专家认为：『孩子的道德教育应从摇篮时期开始，因为当今社会所缺乏的不是头脑而是品德。』孩童时期的可塑性很大，是进行人格品德教育的最佳时期，因此，父母应该注重孩子良好品德的培养，教孩子从小学会做人。

诚信是孩子成功的资本

做人立事，以诚为本。从古至今，诚信作为人生价值的根基历来被推崇，可以这样说，无论在什么地方，只要是创造了良好诚信的道德氛围，人际关系就和谐纯美。

中华民族自古就有讲诚信的优良传统，“人言为信”、“童叟无欺”等都是广为流传的格言和人们行为的指南。

在当今的市场经济时代里，诚实守信是每个人必备的素质，每个家庭都应该从小培养孩子讲诚信，让孩子拥有诚实守信的品德，得到别人的尊重和信任，获得真诚的友谊，将来在事业上才能得到更好的合作伙伴和他人的支持。负责任的家长应从小就要求孩子说真话，不说假话；做错事时勇于承认自己的错误并能及时改正；不拿别人的东西，借别人的东西要还；做到言必信，行必果。从点滴做起，从小事做起，塑造孩子的诚信之心。

诚信是立身之本，是一个人最宝贵的财产，它能让孩子坚守正直，挺直脊梁、光明磊落地做人，还能给孩子以力量和耐力。只有诚信的人才值得信赖。诚信这种品质比其他任何品质更能赢得别人的尊重和尊敬，更能取信于人。

诚信是一种道德品质和道德规范。无诚则无德，无信则事难成。聪明而睿智的家长们，您一定能领悟到诚信教育的作用和真谛，那么就从现在做起，从身边的点滴小事做起吧。播下诚信的种子，给孩子以力量和耐力，赢得诚信这张人生的通行证！

及时鼓励孩子的诚信行为

心理学研究表明，适当的表扬对于塑造儿童行为和培养良好的品德有着举足轻重的作用。所以，家长平时应多观察孩子的行为，一旦发现孩子做到了诚实守信，就应该加以肯定和表扬，使孩子的这一行为慢慢转化为习惯。

宋庆龄从小就是个诚实的孩子。有一次，爸爸妈妈要带全家去朋友家做客，其他孩子都穿戴整齐准备出发了，只有宋庆龄仍然坐在钢琴面前不停地弹琴。

母亲喊道："孩子们，我们快走吧。"

宋庆龄不由自主地站了起来，但很快又坐下去了。父亲问道："孩子，你怎么了？"

宋庆龄有些着急地说："今天我不能去伯伯家了。"

"为什么不能去，孩子？"妈妈问道。

"爸爸，妈妈，我昨天答应了小珍，她今天来我们家，我要教她叠花。"宋庆龄说。

"我还以为什么重要的事呢！下次再教她吧。"父亲说。

"不行，小珍来我家会扑空的。"宋庆龄叫了起来。

"要不，你回来后到小珍家去解释一下，向小珍道个歉，明天再教她也没关系。"妈妈出了个主意。

"不行，妈妈！您不是经常教育我要信守诺言吗？我答应了别人的事情，怎么可以随意改变呢？"宋庆龄坚定地摇着头。

"哦，我明白了，我们的庆龄是一个守信用的孩子，"妈妈会心地笑了，"那就让庆龄留下吧。"

于是，爸爸妈妈带着其他孩子去做客了，回家后，却见宋庆龄一个人在家里。"庆龄，你的朋友小珍呢？"父亲问道。

"小珍没有来，可能她临时有什么事吧。"宋庆龄平静地回答。

妈妈心疼地问："小珍没有来啊？那我们的庆龄不是很寂寞吗？"

宋庆龄却回答："不，妈妈，虽然小珍没有来，但是我仍然很高兴，因为我信守了诺言。"

当孩子表现出守信的行为时，父母要及时表扬他的这种行为，而不要带有太多世俗的功利心态去评价孩子。通过这样的不断巩固，孩子会愈发明确品质和行为之间的相互关系，从而养成诚信待人的良好习惯。

给予孩子充分的信任

父母尊重和信任孩子，孩子才会反过来更加尊重、信任父母。信任父母的孩子是不会说谎的，因此，和孩子相互信任，孩子说谎的情况就不存在了。

认真履行对孩子的许诺

父母是孩子最直接、最贴近的老师，应该为孩子树立良好的榜样。父母要从自身做起，做一个诚实守信的人，用自己的言传身教来影响孩子。在日常生活中，一旦承诺给孩子什么，就要努力兑现。只要父母答应孩子的事情，就要如约完成，才会获得孩子最大程度的信任和敬佩。

让孩子拥有一颗孝心

孝敬父母是中华民族的传统美德，也是各种品德形成的前提。《诗经》上有一句"哀哀父母，生我劬劳"，感叹和赞美了父母的养育之恩。唐朝孟郊诗云："谁言寸草心，报得三春晖。"更是表达了孝敬父母的愿望。而"祭而丰不如养之厚，悔之晚何若谨于前"的古训，则督促后辈履行对父母的赡养和孝敬的义务。可以说，以孝敬长辈为核心的家庭美德，几千年来代代相传，形成了中华民族伦理观念和道德品质的精华部分。

闵子骞是春秋末期鲁国人，以“孝子”著称。幼时丧母，父又娶一女子为继室。闵子骞素性讲孝，对待继母像生母一样孝顺。后来继母接连生了两个儿子，于是对闵子骞开始憎恶起来。总是在丈夫面前说子骞的坏话，挑拨子骞与父亲的关系。

冬天到了，天气十分寒冷。后娘为两个亲生儿子做的棉衣，内面铺的是十分暖和的棉花；而给子骞做的棉衣，内面铺的是一点也不暖和的芦花。芦花是水中生长的芦草，到处飞扬的那个轻飘飘的花，哪里能御寒呢？所以，子骞穿着觉得冷得很，好像没有穿衣一样。而这位后母反而向丈夫说：“子骞不是冷，他穿的棉衣也是厚厚的。是太娇养了，故意称冷。”

一天，父亲要外出，子骞为父亲驾驶车马，一阵阵凛冽的寒风吹来，子骞冷得战栗不已，手冻得拿不稳马的缰绳，将缰绳掉到了地上，马将车子差点儿拉下了悬崖。父亲大怒，气得扬起马鞭，将子骞猛打。子骞的棉衣被打破了，内面的芦花飞了出来。父亲这才明白了一切。立即回家责骂后妻，要将狠毒的女人赶出家门。后妻像木头一样，呆呆地立着，羞愧得无话可说。子骞跪在父亲面前，哭着劝父亲说：“母在一子寒，母去三子单，请不要赶走母亲。”

好一句“母在一子寒，母去三子单”。这句话不知让多少人为之动容，就是闵子骞的继母也被感动得后悔不已，从此待闵子骞如亲子。这就是孝行的感化和伟大之所在。

孝是人的本分，是义不容辞的责任，是人类最真最善的行为。然而在现实生活中，相当数量的孩子，全然不懂得孝敬父母、孝敬长辈，全然不懂得孝道的意义。在有些独生子女家庭里，谁孝敬谁甚至出现了颠倒的现象，难怪有人半开玩笑地说：“孝子，孝子，孝敬儿子。”

曾经有一位母亲，每次给孩子做鱼，她都只吃鱼头，而给孩子吃鱼身。一次家里来了客人，孩子在餐桌上主动给妈妈夹了一个鱼头，然后说“我知道妈妈最喜欢吃鱼头了”，客人面面相觑，妈妈背着人流下了眼泪，觉得自己的教育是失败的，孩子居然会认为她喜欢吃鱼头，而不知道父母是因为照顾孩子的营养把鱼身让给他吃的。

尽管每一位为人父母者都希望自己的孩子将来长大成人能够有孝心，满腔赤诚地善待子女，以为能够浇灌出一颗孝心，但结果常常不尽如人意，孩子并不领情，更别提回报了，自然让父母心寒不已。忽略“孝心”教育，孩子会形成自私冷漠的性格，对其健康成长危害极大。这是家教的一大失误，也是孩子产生“不孝之举”的最重要根源。所以，家长要培养孩子养成孝敬父母的良好习惯。

父亲到儿子家去小住了几天，临走的时候，儿子给自己的父亲一些钱，当他把父亲送出门时，他自己的儿子便认真地说：“爸爸，以后不要再给爷爷钱了，你把钱都给了爷爷，我们自己都没有得用了。”看着儿子那认真的样子，这位年轻父亲的心顿时凉了半截：这难道就是自己将来老有所靠的儿子吗？

为了教育孩子，这位父亲将儿子拥在怀里，认真地问他：“谁最关心你？谁对你最好？”“爸爸妈妈呗！”“将来爸爸妈妈老了，挣不到钱了，你给不给爸爸妈妈用？”“当然要给！”“这就对了，爸爸小的时候，爷爷奶奶像我们关心你一样地关心、爱护我，辛辛苦苦地种地、挣钱，送爸爸上学念书。现在他们都老了，我该不该报答他们的养育之恩？该不该给他们钱用啊？”“该！”

孝是德行的根本。孝敬父母不是单一的习惯问题，它也体现出一个孩子能否关心他人、设身处地地为他人着想的品质。在苏联著名的巴甫雷什中学一进门的正面墙壁上，挂着一幅标语："要爱你的妈妈！"有人看了不解地问校长苏霍姆林斯基，为什么不写"爱祖国"、"爱人民"而却写"要爱你的妈妈"，苏霍姆林斯基说："一个学生连他的妈妈都不爱，还能爱别人、爱家庭、爱祖国吗？"一语道出了爱父母与爱人民、爱祖国之间的必然联系。作为家长应该清楚地认识到，如果一个孩子连最基本的孝敬父母都做不到，以后是不可能做好任何事情的。因此，我们一定要重视培养孩子孝敬父母的好习惯。

教育子女深知父母养育之艰辛

让孩子了解父母通过劳动给自己的一切是用心血汗水换来的，要百倍珍惜，并要有感激之情。现在不少孩子不知道父母工作情况，不知道父母的钱是怎样得来的，只知道向父母要钱买这买那，认为父母给孩子吃好、穿好、用好是天经地义的。这样的孩子怎么会从心底里孝敬父母呢？为此，父母应当有意识地经常地把自己在外工作和收入的情况告诉孩子，从而让孩子明白父母的钱得来不易。孩子对父母付出的辛劳越了解，才越会从心底里相信和敬重父母，才会真正想着去孝敬父母。

有一天，一名对已下岗的父亲嗤之以鼻的男生陪父亲在街头替人修自行车，还在父亲手把手的指导下拧了几下扳手。他回家后默不作声，脸上写满了愧疚。从此，每当父亲回家，他必定端一盆温水，拧干毛巾塞到父亲手里。那份真诚的孝心，出自对父亲艰辛工作的感激和敬重。

让孩子获得表达孝心的机会

孩子表达孝心需要实践，如果一直没有恰当的机会，总有孝心也无从表现，久而久之，那颗孝心也被湮没了。某小学在四年级学生中调查发现，父母病了，

50%的孩子不端水，不递药，不过问。其实这也是父母平时忽视教育的结果。如果家长从小引导，父母长辈病了，孩子要给找药，95%的孩子都会喜欢这个表现自己的机会。所以，当家长生病或身体不舒服时，要理直气壮地要求孩子做他应该做的事情，如端水送药或陪同就医，不要怕耽误他学习时间。教育孩子孝敬父母，就要从引导孩子为父母做这些小事入手。

让孩子在父母的言传身教中受到熏陶

家长要培养一个孝顺的孩子，首先自己要孝敬长辈，以身作则，为孩子做出表率与榜样。孩子的模仿力与观察力都很强，父母对待自己的长辈是什么态度，孩子对父母就是什么态度，这就是最直接的影响。

有一位老师学习完《弟子规》之后，深刻体会到学了就应该要做到。她学了“入则孝”之后，觉得自己的孝道行为距离经典教诲还有差距，所以她告诉自己一定要开始力行。“五一”长假，她回到父母家里，刚好遇上她的生日。于是，她想利用生日这个机会去教导孩子尽一份孝心。她回去之后搬了三张椅子，请外婆、爸爸、妈妈坐。然后对着父母讲：“我已经35岁了，35年来让父母操了不少心，我也做错了一些事情，现在我已经学习圣贤教诲，往后我一定尽心尽力做一个孝顺的女儿。今天是我的生日，更是母亲的受难日，所以我要向母亲行三跪九叩礼。”说完之后就拜下去，这个第一拜拜下去，母亲眼泪就流了下来；第二拜再拜下去，在旁边看着这一幕的儿子，不由自主就走到外婆的身边开始帮她按摩。其实并没有人跟孩子讲任何话，而他只是看到母亲在拜自己的父母、在行孝道，那种德行的力量无形当中给他很大的震撼。后来，这个孩子就对着他的父母讲：“明年我生日也要拜你们两个。”

可见，榜样的力量是无穷的。在孩子眼里，父母就是一把尺子，他们认为，父母做的他们就能做；父母怎样做，他们也应该怎样做。父母不仅要管好自己的小家庭，还要时刻不忘照顾自己年迈的父母亲。如果说他们平时因居住地较远、工作较忙而不能和老人朝夕相处，那么在节假日要尽量抽时间带上孩子去看望老人，帮老人做些家务，同老人共聚同乐，尽一份子女应尽的责任和义务。如此日久天长，孩子耳濡目染、潜移默化，在良好家庭风气的影响下，逐步养成尊敬长辈、孝敬父母的优良品质。

感恩与回报，孩子的人生必修课

感恩是中华民族的传统美德，是一种处世哲学，是一个人对自己和他人以及社会关系的正确认识；感恩也是一种责任，知恩图报，有恩必报，它不仅是一种情感，更是一种人生境界的体现。

在中国，有一位名叫尹礼远的孩子，他家境贫寒，父亲左手残疾，母亲智障。因为从小就知道父母的艰辛与不易，小小年纪的尹礼远显得比他的同龄人更加成熟与懂事，他除了更加勤奋刻苦地学习，以此来报答亲人对他的期望之外，还想方设法减轻家里的负担。

为了节省作业本，他写了擦，擦了写，一个本子至少反复使用三遍；为了节省鞋子，暮春时他就光脚，一直到立秋才穿鞋。若是遇到下雨、下雪天，即便是冬天，他也要脱下鞋走路。假期还去工地做工赚学费。

尹礼远的故事感动了千千万万的中国人，人们除了心疼这个懂事的孩子之外，对他更多的是敬佩与疼爱。大家为他捐款、捐物，更有人资助他完成小学到高中的学业。而尹礼远也不负众望，他说除了更加认真地读书以外，他还要做更多的事情回报关爱他的社会。

与尹礼远不同的是另一个男孩的命运：

这个男孩有着与尹礼远相似的悲惨故事，他的父母几年前双双因病去世了，他和行动不便的爷爷住一起，生活十分困难。因为学习成绩很好，社会上有个好心人主动和学校联系，要求资助他。

节假日，这位好心人把他接到家里去玩，结果这个孩子的表现令人反感：随意翻别人家里的东西，对人没有礼貌，连吃饭都要等着别人端碗；当他们给他买衣服，给他钱的时候，他根本没有一丁点儿感激的意思，甚至一句感谢的话都没有。他们以为：一个苦孩子一定是非常懂事的，可是孩子的表现使得全家大失所望。

结果，暑假后，这位好心人撤销了对这个男孩的资助。他说："一个孩子连一点儿感恩之心都没有，反而觉得别人给他帮助是理所当然的，这样的想法会让他失去自立精神，会害了他。"

感恩是一种对恩惠心存感激的表示，是每一位不忘他人恩情的人萦绕心间的情感。在生活中，如果我们每个人都不忘感恩，人与人之间的关系会变得更加和谐、更加亲切。我们自身也会因为这种感恩心理的存在变得更加愉快和健康。感恩一切，内心才会时刻充满温暖，活在感恩中，人才会幸福快乐。

一个人是否有感恩之心，与他所处的环境，所受到的教育是密不可分的。作为一个孩子，从小培养他具有感恩的心是至关重要的，让孩子知道感恩，是每一个家长的重要责任——让孩子感激给予生命并养育他们的父母；感激给予他们各种知识的教师；感激给予他们帮助的同学和朋友；感激生活中一切美好的事物。让孩子真正体会到我们的生活多么快乐幸福！让孩子学会关心，学会感恩，这将有利于孩子好的品格的形成，使孩子一生受益无穷。

学会感恩从感谢父母开始

在人的一生中，对自己恩情最深的莫过于父母，是父母给予了我们生命，是父母辛勤地养育了我们，我们的成长凝结着父母的心血，所以我们要牢记父母的恩情，感恩父母。

那天，她跟妈妈又吵架了，一气之下，她转身向外跑去。

她走了很长时间，看到前面有个面摊，香喷喷、热腾腾，她这才感觉到肚子饿了。可是，她摸遍了身上的口袋，连一个硬币也没有。

面摊的主人是一个看上去很和蔼的老婆婆，看到她站在那边，就问："孩子，你是不是要吃面？"

"可是，可是我忘了带钱。"她有些不好意思地回答。

"没关系，我请你吃。"

很快，老婆婆端来一碗馄饨和一碟小菜。她满怀感激，刚吃了几口，眼泪忽然就掉下来，纷纷落在碗里。

"你怎么了?"老婆婆关切地问。

"我没事，我只是很感激！"她忙擦着泪水，对面摊主人说，"我们又不认识，而你就对我这么好，愿意煮馄饨给我吃。可是我自己的妈妈，我跟她吵架，她竟然把我赶出来，还叫我不要回去！"

老婆婆听了，平静地说道："孩子，你怎么会这么想呢?你想想看，我只不过煮一碗馄饨给你吃，你就这么感激我，那你自己的妈妈煮了十多年的饭给你吃，你怎么不会感激她呢？你怎么还要跟她吵架？"

女孩愣住了。

女孩匆匆吃完馄饨，开始往家走。当她走到家附近时，一下就看到疲惫不堪的母亲正在路口四处张望。这时，她的眼泪又开始掉了下来。

的确，我们常常会为一个陌生人的帮助而感激涕零，却忽略了父母给予我们细小琐碎而又无微不至的关怀。

教孩子学会感恩，首先让孩子从感谢父母开始，要让孩子知道，即使是来自父母那最简单、最质朴的关怀，也无不倾注了父母对他们的辛劳和热爱。这种爱是独一无二的。这样孩子才能珍惜自己拥有的一切，理解并爱父母。

在日常生活中，父母应该时刻创造条件启发孩子学会用感激、感恩的心态去面对自己的付出，让孩子先从感恩父母开始，比如让孩子知道父母为自己做事后要说谢谢等，通过这种小的事情、小的情绪让孩子熟悉这种感恩的状态，并最终知道如何表示自己的感恩。

树立孩子的感恩意识

现如今的孩子多数是独生子女，在家的地位可谓是“位高权重”。全家一切以孩子为中心，而孩子从小到大都是扮演被爱的角色，久而久之，很多孩子认为从父母那里得到东西是理所当然的，生活中只知道索取，不知道回报，自然不会想着去关心别人、感激他人。如果想让孩子有一个美好的生活，就应该及早培养孩子的感恩之心。

一位母亲在为孩子操办一个盛大的生日派对后，孩子却不领情，直埋怨母亲这里做得不好，那里做得不好。母亲觉得很伤心，问自己的孩子：“妈妈花这么多钱和精力筹办这个生日晚会，你有没有感恩的心？”

孩子说：“你办得好，当然我会感恩，但是你没有办好，我为什么要感恩。”

“就算你不满意，但是妈妈这么辛苦，你就没有一点感恩之情吗？”

“我不觉得这很辛苦啊，为什么要感恩？”

“这个不辛苦，但是妈妈生你，就不值得你感恩吗？”

“你们结婚生我，不是为自己开心吗，我为什么要感恩？”

母亲语塞，哭了起来。

这是一个缺乏感恩意识的典型事例。

父母爱自己的孩子是本能，他们倾其所有，不求回报，但是许多孩子却认为这是理所当然的。父母的付出没有换来孩子的感激，这就需要父母自我反省一下了，是不是忽视了对孩子感恩意识的建立？

在日常生活中，把感恩的意识渗透于其中，让孩子从小就在感恩的环境里真心感受。父母要从自身做起，做好示范，利用一切可以利用的契机对孩子进行教育，如妈妈帮爸爸做事时，爸爸要大声地对妈妈说："谢谢！"妈妈接受爸爸的帮助，也要说一声："谢谢！"爸爸送给孩子礼物时，要告诉他这件礼物是爸爸给你的，你要感谢爸爸；这本书是哥哥姐姐送你的，你要谢谢哥哥姐姐。在这种氛围中，孩子耳濡目染，渐渐接受这种最基本的礼仪，也学会向父母道谢，将感恩内化于人格之中。

让孩子学会感恩他人

人们生活在这个世界上，时时接受着各种"恩赐"：父母的养育、师长的教诲、爱人的关爱、朋友的友情、大自然的慷慨赐予……然而，对于这些恩惠，有很多人似乎觉得这一切都是理所当然的，没有丝毫的感恩意识。这种表现在孩子身上尤为突出。

曾有一位归国的老华侨想资助一些贫困地区的学生，于是，在有关部门的帮助下，给多个需要捐助的学生每人寄去一本书，随书将自己的电话号码、联系地址以及电子邮箱等一同寄出。老华侨的家人很不理解老人的做法：为什么送一本书还要留下联系方式。在家人的不解中，老人一直焦急地等待着什么，或是守在电话旁，或是每天几次去看门口的信报箱，或是上网打开自己的电子邮箱。直到有一天，一位收到书的学生给老人寄来祝贺节日的卡片（他是唯一与老人联系的一位），老人高兴极了，于当日给这位同学汇出了第一笔可观的助学金，同时毅然放弃了对那些没有反馈消息的学生的资助。这时家人才明白，老人是在用他特有的方式诠释“不懂得感恩的人不值得资助”的道理。

俗话说“滴水之恩，当涌泉相报”、“投之以桃，报之以李”……然而现在，我们也不得不承认这样一个事实：知道感恩的人不太多了，尤其是孩子。

我们每个人生活在社会中，都可能受到别人的帮助。家长要让孩子懂得用感恩之心去感受世间的亲情、友情和恩情，在接受他人关爱、支持和援助时，给他人以回报，不要只图索取和享受。教育孩子将他人恩惠铭记在心，增强责任感。只有从小培养孩子感悟他人对自己的好，对自己的帮助，让孩子拥有一颗懂得感恩的心，孩子长大之后才能成为一个懂得感恩的人。

在孩子的心中撒播善良的种子

中国传统文化历来追求一个“善”字。《道德经》中说：“天道无亲，常与善人。”这是告诉我们，待人处世，强调心存善良、向善之美；与人交往，讲究与人为善、乐善好施；对己要求，主张独善其身、善心常驻。有一位名人说：“对众人而言，唯一的权力是法律；对个人而言，唯一的权力是善良。”

有一次，一位哲学家问他的学生们：“人生在世，最需要的哪一件事？”答案有许多。但最后有一位学生说：“一颗善心！”“正是。”哲学家说，“在这‘善心’两字中，包括了别人所说的一切。因为有善心的人，对于自己，则能自安自足，能去做一切恰当的事，对于他人，则是一个良好的侣伴、可亲的朋友。”

由此可以看出，心存善意是哲人所推崇的境界和纯净超然的内心情感，是从容而流畅、平实而宽厚的处世风格。只有拥有一颗善良的心，才能更好地微笑面对身边的所有人，才能让生活变得更美好。

有位印度人曾经说过这样的话："如果某个人在路上发现有人中了箭，他不会关心箭从哪个方向飞来，也不会关心箭杆用什么木头做成，箭头又是什么金属，更不会关心中箭的人属于什么阶级。他不会过问这么多，只会努力去拔出那人身上的箭。"这就是善意，是人最本能、最原始的一种善意。正是这种善意使人类得以一代代地传承。

善良是一种境界，是一种人生的修养与提炼。古人有云："心净生智能，行善生福气。"有一颗充满善意的心，行为和语言就会大不一样。心怀善意的人，人生的路必将越走越宽。心怀善念，不仅是一种善良，是一种智慧，任何时候"与人为善"都是最明智的选择。

善良作为一种美德，对孩子的成长发展具有不可忽视的积极影响。可以说，拥有善良品质的人，同时也是个道德高尚的人，他更容易赢得人们的信赖，取得事业上的成功。

善良是一种高尚的品质，是一种良好的社会风气。只有拥有善良的孩子，才能得到别人的喜欢，才能更好地与人相处，生活得开心快乐。如果父母都能以自己的善良感染孩子，在孩子的心中撒播善良的种子，那么孩子就能成长为一个健康、善良和正直的人。

人以善为本。一个人最重要的是要有一颗善心，以善良之心对待人生，这应该是一个人一生追求的道德规范。所以，家长要把善良的种子撒在孩子们的心中，让孩子成为一个有善心的人。

加强道德教育应从家庭做起

家庭是孩子的第一所学校，父母是孩子的启蒙老师，在家庭教育中应该将道德教育放在首要位置。有的父母只关心孩子的学习成绩，忽视了孩子的道德教育，只重才不重德，望子成龙培养出来的确是学业优秀但极度自私、丧尽天良，让父母蒙羞的悲剧人物。因此，要加强对孩子进行道德教育，用为人善良、道德高尚的事迹感化子女。

身教重于言教，家长日常生活中的一言一行，都是孩子学习效仿的对象，对于孩子人格的形成影响很大。一个心地善良的人，其日常行为都是以善为出发点，孩子经过长时间的耳濡目染，自然学得了以善良处世。所以，父母应以自己的善良感染孩子，在孩子的心中撒播善良的种子。

善良的行为从爱护小动物开始

对孩子进行道德教育，可以从指导孩子爱护身边的小鸡、小鸭、小猫、小狗、花草鱼虫开始，让孩子懂得珍惜生命，让孩子在亲自照料小动物的过程中，学会体贴入微地亲近生命。这种“实物教学”往往会收到潜移默化的教育效果。

小明的妈妈是一个非常善良的人，她也会用自己的切身行动教育孩子要善良。有一次，一只受伤的麻雀落到小明家的院子里，身上湿淋淋的、弱弱的，奄奄一息，一副楚楚可怜的样子。妈妈小心地把麻雀用手捧起来，擦干它身上的水，把它放到干燥的阳台上，给它端了一小碗水，撒上一些米粒，让它在温暖的屋里有吃有喝，不挨冻受饿。后来，麻雀有精神了，妈妈就把它放飞了。小明目睹了这一切，他小小的心灵也受到了感染，对善良的理解潜移默化地渗透到他的心里。

爱护动物，看似是小事，其实，这也是培养孩子善良之心的一个最朴素和最有效的办法，家长必须要抓住这个契机，让孩子知道怎么样亲近自然，亲近生活，亲近人类的朋友。

教孩子懂得“满招损，谦受益”

谦虚是一种美德，这也是为人处世的一种方式。教育孩子学会谦虚，对孩子成长是很关键的。俗话说：谦虚使人进步，骄傲使人落后。这是千年不变的恒言。看看古今中外那些先哲伟人，即使取得了令人瞩目的成绩，也绝少有人因为自己具有足够资本而骄傲自满，相反，他们倒是非常自知而又非常谦虚的。

被人们称颂为“力学之父”的牛顿发现了万有引力定律，在热学上，他确定了冷却定律，在数学上，他提出了“流数法”建立了二项定理，和莱布尼兹几乎同时创立了微积分学，开辟了数学上的一个新纪元。他是一位有多方面成就的伟大科学家，然而他非常谦逊。对于自己的成功，他谦虚地说：“如果我见的比笛卡尔要远一点，那是因为我站在巨人的肩上的缘故。”他还对人说：“我只像一个海滨玩耍的小孩子，有时很高兴地拾着一颗光滑美丽的石子，真理的大海还是没有发现。”

法国资产阶级启蒙思想家孟德斯鸠说过：“谦虚是不可缺少的品德。”谦虚的品德，能使一个人面对成功、荣誉时不骄傲，把它视为一种激励自己继续前进的力量，而不会陷在荣誉和成功的喜悦中不能自拔，把荣誉当成包袱背起来，沾沾自喜于一得之功，不再进取。

但在现在的社会家庭环境中，一些独生子女往往不能正确对待荣誉与成绩，他们会因为骄傲自大看不起别人，偶有一点进步就沾沾自喜，而把别人看得一无是处，他们听不进别人的善意批评，总是处于盲目的优越感之中，逐渐地放松对自己的要求，导致成绩下降，表现也就不再那么优秀了。对这样的孩子，家长应该及时予以纠正，让他们正确认识问题。

小芳从小就是一个非常自满的孩子，她总觉得自己是无所不能的，在学校里，她要当班长；在伙伴中，她要当“老大”，甚至在玩过家家的时候，她也要当“妈妈”。这种自满的心态最终让小芳变成了一个特别骄傲的人，即使看到别人的成绩，她也不会理会，甚至还找出一大堆理由来解释别人为什么这么厉害。总之，她认为自己永远都应该是最有能力的一个。

为了改变小芳的这一情况，父母苦口婆心地说了很多，却一点用处都没有，小芳还觉得很烦。后来，小芳参加了一次小学阶段的奥林匹克数学竞赛，只得到了第十名，这对于小芳来说，打击是很大的，她哭了两天。

小芳的父母借着这个机会对她进行了教育：你之所以会得到这样一个成绩，是因为你太骄傲了，你总觉得自己什么都懂、什么都会，所以你根本就没有好好听课，没有好好地预习和复习……

在父母的教育下，小芳似乎意识到了自己的问题，从那以后，小芳变得谦虚多了。即使是考试得了第一名，她也只是会心一笑，而在以前，她肯定会说：“这有什么难的，他们不会是因为他们太笨了。”

每个人取得良好的成绩之后，都会喜出望外，因此往往在不觉中就显现了骄傲的情绪，孩子更是如此。因此，父母要关注孩子的心理变化，及时指导孩子谦虚做人。

谦虚是一切美德的根本，只有谦虚的人才可以接受更多的知识和能量，而谦虚是需要经过家长们的不断指导与培养的。谦虚是孩子成长路上的朋友，而骄傲却是成功的敌人。

给孩子做出谦虚的表率

父母是孩子的第一任教师，是孩子仿效的最直接的榜样，父母应该成为孩子高尚人格的榜样，要谦虚友善，不要在孩子面前表现出骄傲情绪，以免让孩子受到不良影响。

一天，居里夫人的一个朋友到她家做客，忽然看见她的小女儿正在玩英国皇家协会刚刚奖给她的一枚金质奖章，不禁大吃一惊，忙问："居里夫人，您能得到一枚英国皇家协会的奖章是极高的荣誉，怎么能给孩子玩呢？"居里夫人笑着说："我是想让孩子们从小就知道，荣誉就像玩具，只能玩玩而已，绝不能永远留着它，否则就将一事无成。"

父母教育孩子学会谦虚做人，首先就要给孩子做一个谦虚的表率。父母如果骄傲自满、妄自尊大，孩子自然不知谦虚为何物。因此，父母要给孩子做出榜样，孩子看得多了、听得多了，自然就学会了父母谦虚做人的态度与行为。

不要轻易地表扬孩子

家长和社会对孩子过分的夸奖与肯定，很容易使孩子滋生骄傲情绪，认为自己是最优秀的。一旦这种骄傲情绪产生，再纠正就困难了。

卡尔·威特在生下来时被误诊为先天智障，但他的父亲老威特运用一种与众不同的教育方法，使小威特八岁时就已经掌握德语、法语、意大利语、拉丁语和希腊语等六种语言。同时，小威特还通晓动物学、植物学、物理学、化学，尤其擅长数学。小威特在九岁时就考上了哥廷根大学，当他未满14岁时，就被授予了哲学博士学位，16岁时又获得法学博士学位，并被任命为柏林大学的法学教授。

对于这样一位才华出众的天才，父亲老威特非常注意培养孩子谦虚的习惯。他禁止任何人表扬他的儿子，生怕孩子滋长骄傲自满情绪，从而毁了他的一生。

威特非常了解孩子的心理，自己的孩子实在太优秀了，太优秀的孩子往往经不起表扬，表扬过多往往会导致孩子骄傲自满心理的产生。因此，他在生活中有意识地避免表扬孩子。

心理学家认为，生活中，孩子骄傲、自负性格的形成与父母有着很大的关系。很多父母在教育孩子的时候总是轻易地，过多地对孩子进行表扬。不可否认，表扬在一定程度上能够起到激励孩子的作用，但是表扬多了，就会起到反作用。尤其是对一些比较优秀的孩子来说，表扬过多往往会导致孩子产生骄傲自满的心理。父母在表扬孩子的时候要注重表扬孩子的某种行为，不要表扬孩子本身——这是表扬的一个技巧。

让孩子学会正确对待别人的批评建议

亮亮已是学前班的学生了，是个爱学习的男孩，由于学习成绩在班里一直名列前茅，因此非常自负。在家里，亮亮已经认为自己是个大人了，对于父母说的话越来越不放在心上。在班里，亮亮也非常清高，不太愿意与成绩不好的同学一起玩，觉得跟他们在一起没什么意思。

有一次，亮亮愤愤不平地向妈妈告状，说老师批评他了。妈妈对亮亮说："老师批评你，并不是他看不起你，而是他希望你进步。"在妈妈的引导下，后来，亮亮慢慢改正了骄傲的毛病。

正确面对批评和建议是终身的学问。有的孩子只希望得到别人的赞扬，一听别人的批评就不高兴，甚至骂人。比如说他懒惰、指出他作业中的错误，他就翻脸不认人。这是不谦虚的表现。谦虚的人敢于承认错误，勇于接受批评。父母要教育孩子懂得谁都会有缺点、都可能犯错误，要引导孩子努力改正错误。

让孩子做个有爱心的小天使

“爱”是人类教育的一个永恒的主题，是人类所有感情中最高贵、最纯朴、最真挚的，是人类社会向前发展的最根本动力。从古至今，有一颗善良友爱的心一直是人们所推崇的。孔子说“仁者爱人”，孟子讲“王道”，都是以爱为核心的。

爱，可以让我们的孩子察觉别人的困难，并唤醒他们的良知与感情。孩子们才会变得宽容而富有同情心，才能理解别人的需要，才会伸出双手去帮助那些受到伤害和需要帮助的人。一个不会爱的孩子是可怕的，他的感情生活也将一片空白。

现在的孩子都是在爱的呵护下长大的，他们在爱的环境中获得安全感、满足感，获得激励和信任，从而促进身体的健全发展。而这些饱受爱意滋润的孩子往往缺乏爱心，少数孩子甚至缺乏情感，没有同情心，心中无他人，这对孩子将来的人际交往，社会适应性，个性的发展极为不利。

一位儿童教育家说：“只知索取，不知付出；只知爱己，不知爱人，是当前独生子女的通病。” 高尔基曾说过：“爱孩子这是母鸡也会做的事，而教育孩子则是一门艺术。”由于很多家长只重视孩子知识的学习，而不注重品德的培养，只知道无私地为孩子奉献爱，而从不教孩子如何去爱别人。这种观念下教育出来的孩子势必会缺乏爱心。所以，我们一定要对孩子进行爱的熏陶和教育，培养其懂得爱的高尚情操，培养孩子的爱心。

一个男孩父母早逝，他与自己的妹妹相依为命。妹妹就是他唯一的亲人。所以这个小男孩爱妹妹胜过爱自己。然而灾难再一次降临，不幸的妹妹染上了重病，需要输血。但医院的血液太昂贵了，男孩根本没有钱支付任何费用。尽管医院已经免去了手术费，但不输血的话妹妹仍会死去。

男孩的血型和妹妹完全相符。当医生问男孩是否有勇气承受抽血时的疼痛时，男孩开始犹豫了。这个十岁的孩子经过一番思考，终于点了点头。

抽血的时候，男孩安静地没有发出一丝声响，只是向着邻床上的妹妹微笑。抽血完毕后，男孩颤抖地问道："医生，我还能活多长时间？"

医生正想笑男孩的无知，但转瞬间就被男孩的勇敢震撼了：在这个十岁的孩子的心目中，他认为输血会失去生命，但他仍然输血给了妹妹。在那一瞬间，男孩所做出的决定是多么勇敢，他甚至下定了死亡的决心。

医生紧握着男孩的手，感动地说："放心吧，你不会死的，输血不会丢掉生命。"

男孩眼中放出了光彩："真的？那我还能活多少年？"

医生微笑着说："你能活到100岁，小伙子，你很健康！"男孩高兴得又蹦又跳。他确认自己真的没事时，就又挽起刚才被抽血的胳膊，昂起头，郑重其事地对医生说："那就把我的血抽一半给妹妹吧，我们两个每人都能再活50年！"

在场的所有人都震惊了，这不是孩子幼稚的承诺，这是人类最无私、最纯真的诺言。

孩子发自内心的爱，是稚嫩的、是纯洁的，它不需要任何东西去雕饰，同时，也是让人感动的。

对于一个孩子的个性发展而言，没有什么能比爱和善良更重要的了，这是孩子将来亲和社会的基础和前提。无论做什么事都要有一颗爱心，其他的品质都是爱心的延伸。只有爱，才能感受到生活的乐趣；只有爱，才能创造和谐的人际关系；只有爱，才能享受到人生的真谛；只有爱，才能感受到人类的伟大。

冰心曾说："有了爱就有了一切。"爱是美好品德的核心，是人类最伟大高尚的情感。对于孩子，我们不但要为他们创设一个被爱的环境，更重要的是要让他们学会如何去爱别人。只有在"爱"与"被爱"的双重环境下，我们的下一代才可能健康地成长起来。

爱心的产生，是基于个体的社会性情感需要，它不是人与生俱来的品质，而是在后天的环境和教育的熏陶下逐渐形成的习惯性心理倾向，必须在童年时细心培养。所以，家长平时注意对孩子一点一滴的培养，一言一行的引导，在平时生活中关注孩子，培养孩子的爱心，那仁慈博大的爱心，就会在孩子心头扎下根，并会随着孩子的成长而不断扩展和升腾。

鼓励、引导孩子的爱心

培养孩子的爱心，要从赏识孩子的行动开始，对孩子的爱心行为和表现做出正面的、积极的回应，通过这种回应和赏识，强化孩子的爱心行为，鼓励孩子在以后怀着一颗爱心去生活。

晓玲是一个很有爱心的小学生，妈妈经常鼓励她去帮助他人。有一次，晓玲跟妈妈一起上街去买东西。在过马路的时候，晓玲看见一位行动不便的老奶奶，她看了看妈妈，妈妈正用鼓励的眼光望着晓玲。于是，晓玲主动走上前去，扶着老奶奶走过了马路。走到马路对面后，老奶奶十分感谢晓玲，夸她是个有爱心的好孩子。这时，走在后面的妈妈对晓玲说："晓玲，你注意了没有？旁边的叔叔都微笑地看着你，后边的阿姨向你投来赞许的目光呢！"果然，晓玲朝旁边一看，好多叔叔阿姨都微笑地看着她。晓玲高兴地回答道："老奶奶过马路时会很困难，我们每个人都应该帮助老爷爷过马路，是吧，妈妈？"

妈妈赞许地点点头。

当孩子做出爱心之举后，如果得到了肯定和表扬，那么他还会继续这么做。因此，当孩子帮了别人一些小忙，或者替别人着想时，父母要及时表扬他的这一举动，鼓励他以后多做一些助人为乐的事情。

做有爱心的父母

榜样的力量是无穷的，也是最有效的。孩子们对社会的态度以及为人处世的原则很多都是从家庭的氛围中慢慢培养出来的。有很多父母本身就是很有爱心的人，在这个家庭里长大的小孩，耳濡目染父母的一言一行，长大后更易成为有爱心的人。

丽丽生活在一个平凡的家庭里，父母都是普通的劳动者，家庭条件虽算不得很糟，不过因为丽丽的奶奶长年卧病在床，所以生活得有些平凡和简单。

每天，丽丽的妈妈下班回家后，都先要照顾老人，然后做饭，等丽丽的爸爸回家了，三个人便开始匆匆吃晚饭。饭后爸爸和妈妈又忙着给老人擦身，换洗衣服。耳濡目染，丽丽也尽可能帮父母做一些力所能及的事情。

丽丽一直记得妈妈说的话："一个家里可以没有钱，但一定不能缺少爱。"

母亲节快到了，丽丽很想送妈妈一份礼物，可是她平时没有什么零用钱，没法买份像样的礼物，于是她自己动手制作了一张卡片，打算给妈妈一份惊喜。

母亲节那天，一放学，丽丽就早早回家，把房间打扫得干干净净，喂奶奶吃药，将脏衣服放进洗衣机。

妈妈回到家后，丽丽把卡片交给了妈妈，看到女儿如此懂事，妈妈很感动。晚饭是丽丽和爸爸妈妈一起准备的，一家四口人开开心心地坐在一起吃饭。饭后，丽丽倒了一盆热水，动手帮妈妈洗脚。

“妈妈，今天是母亲节，我没有办法送多么好的礼物给您，但是我希望能为您洗一次脚。”

看着如此懂事体贴的女儿，不论是丽丽的父母，还是奶奶，都非常欣慰。

俗话说，种瓜得瓜，种豆得豆。孩子爱心的培养，需要父母的爱心浇灌。父母是爱心传递的使者，父母的言行可以在潜移默化中使孩子拥有爱的感知。

学会接受孩子的爱

很多家长已经习惯了对孩子付出。而在面对孩子爱的付出时，他们会因为心疼孩子而做出“拒绝”的行为。殊不知，这样做其实不仅不能让孩子感受到父母对他的疼爱，有时反而会打击孩子表达爱的积极性。

小亮是小学二年级的学生。在一次课堂上，老师讲道，在家要尊敬父母，善于体谅父母。从此，小亮开始注意帮助妈妈做家务，并得到了妈妈的赞赏。有一次，妈妈在饭桌上对爸爸说：“我们的乖儿子现在知道帮我干活了，真懂事。”谁知道爸爸听了并不以为然，还满不在乎地说：“这算什么，把学习抓好了才行。”听到这里，小亮的心凉了半截。

有一天放学回家后，妈妈在厨房里做饭，小亮在客厅里写作业。这时候，爸爸下班回来了。小亮知道爸爸忙碌一天，一定累了，就马上倒了一杯茶水，递到爸爸面前：“爸爸，请喝茶！”

让小亮想不到的是，爸爸冷冰冰地说：“去去去，快去写作业！想要倒茶我自己来，过几天考试的时候给我考个第一比什么都强！” 小亮慢慢地把茶杯放在桌子上，又回到了座位上。妈妈听到了爸爸的话，走过来说：“孩子也是好心，瞧你一点儿也不知道体谅他。”

小亮手里拿着铅笔，本来早已经无心继续写下去了，被妈妈这么一说，心里感觉更委屈了，泪水一直在眼眶里打转。

其实爱是孩子的天性，他们从小就希望能为他人做点什么，只是一直缺少表现的机会。不少家长太多关注孩子的学习，从而忽视了他们的感受，如果孩子想要向父母表达自己爱的情感，就让他们大胆地释放出来吧，不要总是一味地盯着孩子的学习，适当地给孩子一些自由和快乐，多关注一些孩子们的情感，和他们多交流、多沟通。如果你的孩子在家或者是在学校做了一些好事，就多给予他们及时的表扬和鼓励吧，这会使他们感到无限的快乐。

别让孩子扔掉同情心

同情心，是对他人的不幸遭遇产生共鸣，及对其行动的关心、赞成、支持的情感。它要求人们善于理解他人的处境，随时准备从道义上支持他人，从行动上帮助他人。

同情心，人类最美好的一种情感，人际交往中最重要的元素之一。同情别人的行为，不仅是一种良好的品德，高尚的情操，而且是人必备的一种最基本的素质。只有具备同情心的人，才会主动地理解、支持、帮助别人。

有一个幼教专家到某家幼儿园进行心理测试，有这样一个题目：“一个小妹妹发烧了，她冷得直哆嗦，你愿意借给她外套穿吗？”结果孩子们半天都不回答。当老师点名时，第一个孩子说：“病了要传染的，她穿了我的衣服，那我也该生病了，我妈妈还得花钱。”第二个孩子则说：“我妈妈不让，我妈妈会打我的。”第三个孩子说：“给我弄脏了怎么办？”第四个孩子说：“怕弄丢了。”结果半数以上的孩子都找出种种理由，表示不愿意借衣服给生病的小妹妹。

听到孩子们让人心寒的回答，一位幼儿园老师实在不甘心这样的结果，叫来自己四岁的儿子问道："一个小朋友没吃早点，饿得直哭，你正在吃早点，你该怎么做呢？"见儿子不回答，她又引导："你给他吃吗？""…… 不给！"儿子回答得十分干脆。妈妈又劝："可是，那个小朋友都饿哭了呀！"儿子竟答："他活该！"

现在的孩子为什么会有这样的表现呢？其实，这正和家长自身的行为有着密切的关系。家长如果希望孩子更加关心和爱护别人，长大后具有爱心和责任心，正确的家庭教育和父母的品德行为至关重要。

同情心是人的天性之一，也是构筑人类善良天性大厦的坚强柱石。曾经有一位哲学家说过："对于一切有生命之物的同情，是对品行端正的最牢固和最可靠的保证。"同情心是一种重要的人格品质，具有同情心的孩子更能够体会他人的情感，更容易融入社会。

有一个孩子粗暴地将一位上门乞食的流浪者驱赶出了自己的家门，父母看到孩子的这种行为，特意为此召开了家庭会议。大人严肃、耐心地启发这个孩子："对于流浪者来说，他们尽管穿着邋遢，然而同样享有人的尊严。"父母的教育使孩子明白了一个道理：仰慕强者可能是人之常情，而同情弱者更是美好情感的一种体现。后来，孩子建议邀请那位受自己侮辱的流浪者来家中做客，大人们则毫无保留地支持。

孩子的同情心是一种非常珍贵的感情，它主要表现为对别人痛苦的关心和安慰。这种感情对于孩子个性的健康发展尤其是情感的发展，以及良好人际关系的建立有着非常重要的意义。苏联教育学家苏霍姆林斯基认为："同情心的培养需要从童年开始，因为如果在童年时代没有受到善良情感的教育，以后就再也不能在他们身上培养起这种情感。儿童一旦失去这样的时机和教育，其童心就可能走向邪恶。”因此，家长要重视孩子同情心的培养。

不要扼杀孩子的同情心

著名教育家陈鹤琴先生曾经说过：“同情行为在家庭里、社会里是一种非常重要的美德。若家庭里没有同情行为，那父不父，母不母，子不子，家庭就不能成为家庭；若社会里没有同情行为，尔虞我诈，人人自利，社会也不成社会。”家庭是孩子学习和生活的主要场所，父母是孩子的第一任启蒙老师，父母的榜样力量是无穷的，它是一种无声的有效的教育方法。如果家长经常给予其他人帮助，孩子就会去模仿家长的行为，家长是孩子最早模仿的对象。但有些父母对别人的困难总是无动于衷，他们不欣赏也不理解孩子的同情行为，怪他多管闲事，久而久之，孩子也就感觉不到人间珍贵的友情，幼小的同情心就这样在无形之中被扼杀了。

某所高校举行一次募捐活动，一个二年级的男生拒绝捐款，后来在好友的劝说下，极不情愿地捐了十元钱。当别人问他为什么这么缺乏爱心时，他非常不屑地说：“为什么要我捐款呢？他们可以靠自己呀，我也很穷，谁来给我捐款呢？”听起来，这话似乎也不无道理，但是却反映了他对别人的冷漠。后来，他说，从小时候开始，母亲就教育他，对于那些靠别人帮助过日子的人，不要去同情他们，人都应该靠自己生活。他还记得，有一次因为自己给了路边一位行乞的老大爷几块钱，母亲把他骂了个狗血喷头。从此以后，他就再也不敢去帮助别人了，以至于长大后，他变得越来越冷酷。最后，这个男生因为没有朋友，觉得生活没有意义而患上了抑郁症，在一个没有人知道的夜晚自杀了。

这位母亲悔恨不已，她说自己怨恨这世界，所以就教育孩子不要去同情别人，她以为这样做可以让孩子学会独立，可是没有想到却害了儿子。

父母不要轻易扼杀孩子的同情心，而应该保护、培育孩子的同情心。父母要鼓励孩子多关心他人、多做好事。当孩子做了好事时，父母要对其进行鼓励、表扬，因为父母的信任、外界的反馈会促进孩子有进一步的行动，孩子与父母的互动会形成良性的循环。

教孩子爱护小动物

据报道，在某小区的一栋楼下，三个八九岁的孩子围着一只瘸了腿的小猫百般折磨，一会儿用手拎着猫尾巴抡圈转，一会儿抓起猫往地上摔，其中一个孩子甚至用脚踏在猫肚子上揉搓。路经此处的一位女士看得心惊肉跳，赶紧上前制止。但这三个孩子却振振有词地说，在动画片里看过猫有九条命，所以要做一个实验，看看这只小猫死了是否还能活过来。在经过三个多小时的折腾之后，小猫被摔得脑浆迸裂，这个可怜的小生命便永远地闭上了眼睛。

生活中，这种惨不忍睹的情景经常会发生。也许孩子幼稚好奇觉得好玩，也许是出于恶作剧。但不管怎样，家长如果对这种行为漠然视之，随着孩子的成长，他们就会把这种残忍的行为延续下去，长大后就有可能缺乏同情心，甚至具有暴力倾向。所以，对一些虐待动物成“癖”的孩子，父母一定要及时批评教育，让孩子明确认识到自己的错误。

苏霍姆林斯基说：“从一个孩子如何对待鸟、花和树木的态度，可以看出他的道德水准。”有调查表明，在日常生活中，爱护小动物的孩子，绝大多数都具有强烈的同情心；而残忍对待小动物的孩子，均具有强烈的攻击性，缺乏同情心。所以，应从小培养孩子爱护小动物的良好品德，严格纠正孩子残酷对待小动物的行为。

生活中，父母可以经常带孩子到动物园、自然博物馆等去参观动物，或让孩子饲养小动物，让孩子懂得动物是人类的朋友，这样就可以有效地减少孩子对小动物的残忍行为。

引导孩子去体会别人的感受

亮亮从幼儿园回家后对妈妈说：“我们今天在外面玩的时候，发现一只死了的小鸽子，它孤零零地躺在地上，特别可怜。老师看到它身上有伤，就说是有人把它打伤后，小鸽子因为伤势过重而死的。小鸽子会有多疼呀！我们班小朋友都哭了，老师和我们一起把它埋了。”

“那你哭了吗？”妈妈故意问他。

“我没有哭，我是个小男子汉。”亮亮看着妈妈，有些不好意思地说。

“小男子汉也要有同情心。当然，有同情心不一定都要哭。”妈妈帮助亮亮矫正他的想法。

“你说小鸽子特别可怜，就说明你同情它，说明你是一个有同情心的好孩子。”

亮亮听了妈妈的话，若有所思地去玩了。

过了一会儿，亮亮从外面回来，嚷嚷着让妈妈帮他捉蝴蝶。

妈妈问：“为什么要捉蝴蝶？”

亮亮说：“花园旁边有很多颜色美丽的蝴蝶在飞舞。隔壁小胖就捉住了一只。他说捉回家去，把蝴蝶夹在书里会很好看。”

妈妈问亮亮：“你忘了小鸽子的故事了，小鸽子被人打死了，很可怜。那如果我们把美丽的蝴蝶抓来夹在书里，蝴蝶也会疼，也会死的，它是不是也很可怜呢？”

亮亮想了想说：“我不要蝴蝶了，可小胖逮着的蝴蝶怎么办呢？”

妈妈反问亮亮：“你说怎么办呢？”

亮亮自告奋勇地说：“我去告诉小胖，让他把蝴蝶放了，不再捉蝴蝶了。”妈妈亲了亮亮一下，高兴地鼓励亮亮：“你能这样做，说明我家的小男子汉既有同情心又勇敢！”

故事中，亮亮的妈妈通过问问题引导孩子考虑小动物的感受，也是培养同情心的一种好办法。提问时，一定要惟妙惟肖，紧紧抓住孩子的注意力。可以这样提问“我想知道它究竟是什么感受。你能描述一下它的感觉吗？或你觉得它会怎么想？你觉得你也有跟它一样的感觉吗？”等。

勤俭节约——留给孩子的永久财富

勤俭节约是中华民族千百年来的传统美德。纵观古今，凡是通过艰苦奋斗取得突出成就的人，都拥有节俭这种崇高美德。勤俭的人能够更好地致富，节约的人能够更好地守财，一个人只有具备了致富与守财的能力，才能让自己永远不为财富发愁。因此，父母要从小就培养孩子勤俭节约的好习惯。

勤俭是一种立身、立家、立业的美德。所谓勤俭，包括勤劳和节俭两个重要方面，缺一不可。勤俭持家、节俭做事，需要有一分一文的节俭意识，需要有积少成多的节俭行为，需要有一以贯之的节俭传统。

勤俭作为一种生活方式，体现了一个人的生活态度、理想信念、价值观念和作风形象。勤俭不是吝啬，而是美德，有助于一个人修身养性、陶冶情操，也是一个人事业有成和发展的重要因素。

我国有句老话：成由勤俭败由奢。随着人们生活水平的提高，一些生活在新中国的孩子生来无忧无虑，他们消费观念较强，用起钱来大手大脚，生活上追求享受，物质上随便浪费，毫无节俭意识，这不由得让人担心。这些孩子不知道父母每天在忙些什么，不知道自己吃的穿的用的东西是哪来的，反而觉得自己吃好穿好用好是天经地义的。孩子们大手大脚花钱，奢侈浪费的情况已达到非常严重的程度，如果不好好教育引导，难以成才，更难于成人。

孩子不懂得节俭，不能全怪孩子，责任也在家长身上。很多家长出于疼爱孩子，迁就孩子花钱自不必说，就连家长自身也往往产生了非合理消费的心理——攀比、从众、追时髦、喜新厌旧等。此外有些人对节俭与奢侈存在一些误解，以为节俭是贫穷的产物，以奢为荣，以俭为耻，凡事爱讲排场，其实他们并未真正理解节俭的意义。俭是节约不浪费，节是节制而有度，这种理性的生活态度，是无论古今、穷富都值得大力提倡的。

约翰从小花钱就没有计划也不节约，一切随着性子来，想怎么消费就怎么消费。转眼间，约翰上大学了，爸爸为了限制约翰花钱的速度，跟他约定每月的第一天给他寄500美元的生活费。

然而，多年的习惯不是那么容易就能改掉的，约翰照旧花钱如流水，毫无节制。有时，他跟朋友出去到餐馆或娱乐场所挥霍，请一次客就能把一个月的生活费都花光。所以，每月不到15号，约翰就囊中羞涩了。

每当约翰身无分文时，就会立刻打电话给爸爸，要求父亲提前寄下个月的生活费过来。父亲总是心疼儿子，容忍了孩子的错误行为。这也使约翰更加肆无忌惮，他花钱无度的毛病也越来越严重了。

这天，约翰又出现“金融危机”了，他联络父亲说：“爸爸，我饿坏了。”若是以往，爸爸隔天就会寄钱过来。然而，这次约翰没有收到汇款，他收到了来自父亲的简短的回复：“孩子，饿着吧。”

接下来的日子就难熬了。约翰想尽办法节衣缩食、精打细算，对每一美分都做好计划安排。然而，事情也确实很奇妙，身上只剩20美分的约翰居然撑了足足半个月。体验到吃苦受罪滋味的约翰，学会了有计划地花钱。

以后的每个月，约翰居然还能省下100美元存起来。这样，约翰的生活变得丰富也有意义了。约翰用这些钱买了自己喜欢的书、唱片。他的大学生活，也因为学会了勤俭节约而比以前过得更加充实了。

培养孩子的节俭习惯，是家庭教育中不容忽视的一个重要课题。古人云：勤能补拙，俭以养廉。只要能够勤劳，即使是天赋差一些，也会把工作学习搞好，会在事业上做出成绩。只要能够节俭，不贪图物质享受，追求奢华生活，保持廉洁的美德，在事业上就会不断追求进取，有所成就。因此，家长要培养孩子养成勤俭节约的生活习惯，这种习惯会让孩子受益终身。

让孩子进行劳动体验

让孩子在实践中体验劳动的艰辛，平时可结合劳动教育，指导孩子进行力所能及家务劳动。通过劳动实践和自我服务活动，使孩子体验劳动的辛苦，懂得劳动成果的来之不易。只有体味到劳动的辛苦，孩子才不会随便浪费。

在美国，一对非常年轻的父母经常带着自己刚上学的女儿去逛街。一天，在一个繁华的街市交叉口，一位老爷爷正在卖报纸。这时，小女孩的父亲从口袋里掏出五美元交给女儿，让她去买十份报纸。女儿买回报纸，父母跟她商量，按原价把报纸再卖出去，看看是否可以很快卖完。女儿在父母的支持与帮助下，费了不少时间才把十份报纸卖出去。然后，父母让小女儿去问卖报的老爷爷，一份报纸能赚多少钱。孩子从老爷爷那里知道，卖一份报纸只赚几美分。她算了一笔账，花了这么长时间才能挣几十美分，而且费了很多口舌。“爸爸妈妈，我以后可不能随便花钱了，挣钱太不容易了！”父母为孩子有这样的想法而感到高兴。后来，这个女孩变成了一个懂得节俭的人。

由此可见，让孩子学会节约最有效的手段就是让孩子直接参与财富创造的过程，让孩子学会自己去挣钱，知道挣钱的辛苦和不易，孩子在生活中就不会大手大脚花钱了。

为孩子树立勤俭的榜样

孩子的言行受父母影响很大。父母是孩子最好的老师，孩子很多行为举止，都是在父母行为的潜移默化下形成的。所以，父母培养孩子节俭的好习惯，首先就要给孩子树立起这方面的榜样。

某小学以前是在学期初统一派发新的作业簿给学生使用。新学年开始了，同学们都把刚做作业的新簿交到老师处，但有一个学生所交的簿有点特别，亦新亦旧。说它新，原因是这个学生刚做的作业也是从簿的第一页写起，说它旧，原因是这个簿与其他同学的不一样，是个制作不很精良的旧簿，封面写着的班级还是上一学年的哩！原来，这个学生的作业簿是自己亲手制作的，封面来自上学年的旧作业簿，内页是从以前还未用完的作业簿上撕下的空白页。由于他每年都这样做，现在，他省下了读到初中也几乎用不完的新簿。或许有人会问，这是家长刻意教他这样做的吗？不是，这完全是那个小学生自己想出来的办法。这个小孩之所以会这样做，完全是因为受父母平时的影响。小孩的家虽然比较富裕，还拥有汽车，但他的父母在生活中依然非常俭朴：五六年前的衣服，只要仍未破烂，在平时还经常穿，只有在外出的时候，才换上像样一点的衣服，家里虽然有汽车，但总是在外出而且距离目的地远的时候，或虽然距离目的地近但当时天气恶劣的情况下才使用，平时就喜欢骑自行车，撕下的旧日历纸是孩子父亲的草稿纸，淘米水是孩子母亲的“洗面奶”，这“洗面奶”最后还成了蔬菜的农家肥……所有这生活的点点滴滴，无不潜移默化地影响着那个孩子幼小的心灵。所以，大家都不应怀疑他能有制作出这种亦新亦旧的作业簿的创意。父母没有亲自示范装订这种作业簿，故此他不能直接模仿，但他能模仿到的是父母那种勤俭的习惯。

生活在什么样的家庭，孩子就会养成什么样的生活习惯，如果父母知道节俭、不浪费，孩子自然就能学会勤俭节约。所以，父母应该在生活中树立勤俭典范，在日常生活中，从一粥一饭、点点滴滴中培养，注意言传身教，去感染教育孩子，使孩子真正养成勤俭节约的良好行为习惯。

指导孩子如何用零用钱

李刚是小学五年级的学生，父母都在做生意，家里经济条件比较好，所以对李刚的需求也十分大方，只要李刚需要，不问原因，要多少给多少。这样，李刚逐渐就养成了大手大脚花钱的毛病，学会了铺张浪费，不但吃要最好的，穿要名牌，同时还养成了请人吃饭的习惯。

有一次，李刚过生日，说要请班里的同学吃饭，开口就向父母要500元钱。此时，李刚的父母才感觉到孩子太过于浪费了，因为他们平常与朋友礼尚往来请客吃饭也不过这个数目，因此拒绝了孩子的要求。

可是，李刚已经习惯了大把地花钱，请同学们吃饭的话也说了出去，认为不那样做面子上过不去。就趁父母不注意，偷着打开妈妈的钱包拿走了500元钱。李刚的父母知道后，为以前对李刚花钱没有控制而后悔莫及。

显然，故事中李刚的父母在教育孩子使用零花钱方面是失败的。那么如何指导孩子合理使用零花钱呢？首先，家长给孩子零花钱要有计划，要限制数额，不应有求必应，应根据孩子年龄大小、实际用途和支配能力，定时定量给予。其次，家长要问清每次钱都花在哪里，如果最近阶段钱的去处无法说明，家长应暂停“发放”，弄清楚钱的去处再考虑。

第三章 有礼走遍天下，让孩子做一个有教养的人

文明礼貌是中华民族的优良传统，让孩子从小养成有礼貌的好习惯是很重要的。有句话说得好：『有才无德行不远』，讲的就是一个人，单单有才气，但是没有礼貌作为他的基础的话还是不行的。所以，父母只有加强对孩子进行文明礼仪教育，才能使孩子逐步养成文明礼仪习惯，成为有气质、有风度、有教养的现代文明人。

有礼貌的孩子，人见人爱

我国历来有“礼仪之邦”的美誉，礼貌待人是中华民族的传统美德，礼貌代表一个人的文明程度。尤其在当今社会，当你具备了很好的礼貌习惯，掌握了相应的礼貌知识后，你做事就很顺利，就能享受到生活的快乐和成功的喜悦。如果你没有很好的礼貌习惯，你就会被别人视为缺乏修养而遭到排斥，甚至惹出不愉快的事情来，自己也得不到丝毫的好处。

有一个小伙子从城里到乡下办事，在途中迷了路，正不知如何是好的时候，看见前面走来一位老大爷。小伙子由于心情焦急，脱口喊道：“喂，往王村还有多远？”老大爷一看这个穿着时尚的小伙子说话怎么一点礼貌都没有，也就没好气地回答说：“还有五拐杖！”小伙子心想，人家都急死了，你还有心思开别人的玩笑，有说：“哎呀，路是论里的，怎么论拐杖呢？”“‘论里’？论理你该叫我声‘大爷’！”小伙子这时才意识到自己由于心急而忘了礼貌，赶紧给老大爷赔不是，并正确称呼了老大爷。这位老大爷也就很详细地给小伙子指了去王村的路，小伙子连声感谢，终于到达了目的地。

生活中有很多这样的例子：仅仅因为一个小节的礼貌疏忽，便使自己的形象在别人的心目中大打折扣。相反，一个有礼貌的人很容易就会被别人认可、接受，既可以给别人带来温暖，也会使自己变得十分愉快。

礼貌是拉近自己和他人的一座桥梁，懂礼貌的人容易让别人接受，成为一个受欢迎的人。心理学家认为，礼貌归根到底是习惯的问题。一个不懂礼貌的孩子很可能会成长为一个不懂礼貌的大人，而不懂礼貌会使他在社会竞争中处于劣势，在工作中很难获得同事的尊重和友好协作，在生活中也不易获得友谊和自信。同时，孩子的礼貌程度在一定程度上体现着家庭的教育，所以让自己孩子学会懂礼貌是很重要的。

但遗憾的是，礼貌常常被不少家长视为小节而忽视。在现实生活中，有些家长认为，现代社会是个自由的社会，懂不懂文明礼仪没关系，只要学习好、有真本事就行了；也有些家长认为，小孩子天真无邪，不懂礼貌无伤大雅，长大了就会懂得文明礼仪的。其实，这些都是错误认识。

礼貌待人并不只是一种外表形式，而是沟通人们之间友好感情的一道桥梁。礼貌要从小培养，否则就会形成坏习惯，一旦形成坏习惯，再改就很难了。只要家长们从思想上认识到这个问题的重要性，并在生活中给孩子以正确的引导，就一定能够培养出讲文明、懂礼貌的孩子。

莉莉是一个很可爱的小女孩，但让妈妈比较困扰的一点就是：莉莉不太懂礼貌。

莉莉想喝橙汁了，会冲着妈妈大喊："我要喝橙汁！"

妈妈为了教会莉莉使用礼貌用语，就故意装作没听见。

莉莉叫了几声，见妈妈不理，就跑过来说："妈妈，你有没有听见我说要喝橙汁呢？"

妈妈说："我听见了，可我不知道你在叫谁呀，你又没有叫'妈妈'。"

莉莉笑着说："妈妈，我想喝橙汁。"

"说得还不对。"

"怎么又不对了？"

"你要说：'妈妈，我想喝橙汁，请您帮我拿，好吗？'"

莉莉重复了一遍这句话后，妈妈才去拿了橙汁。

等莉莉喝完，转身去玩时，却被妈妈一把拉住说："还没完呢！"

莉莉瞪着大眼睛说："完了，喝完了！"

妈妈说："你还没有说声谢谢呢。"

"哦，还要说声谢谢？"

"当然啦，别人帮你做了事，你怎么可以不说声谢谢呢？"

这位母亲就是这样一点一滴训练女儿学会使用礼貌用语的。

培养孩子礼貌的行为，做父母的责无旁贷。只要从日常生活的点点滴滴入手，耐心地加以指导，自然会形成礼貌的行为习惯。

礼貌既是一种礼仪规范，也是社交技巧，更是人与人之间沟通的基础，培养孩子讲文明懂礼貌就是要使他们学会亲切、和气、文雅、谦逊地说话和做事；正确有礼貌地称呼人；热情地招呼客人；正确地运用礼貌语言；能有礼貌地处理生活中的一些事……相对来说，懂礼貌的孩子更容易被大家接受，成为一个有教养、受欢迎的人。所以，家长要从小培养孩子懂礼貌的好习惯。

做有礼貌的家长

现在有很多的家长特别是很多的年轻家长，忽视了对孩子的文明礼貌教育，并且自身的行为也非常不好，例如，骂人、讲脏话等，这种不文明的行为直接影响了孩子，久而久之，孩子也会变成这样。

有一个主人，他养了一只会说话的鹦鹉。平日里他对这只鹦鹉总是粗话不断。有一天，他准备招待一些贵宾，他想："有什么新奇的玩意儿可以在朋友面前显显自己的威风呢？"他想到了那只鹦鹉，于是他连夜教了鹦鹉几句话。

第二天，他大宴宾客，在宴席上，他取来那只鹦鹉，对朋友说："我这只鹦鹉可以和人对话，是一只非常聪明的鹦鹉。"

看到朋友们将信将疑的样子，于是他得意扬扬地对鹦鹉说：“你好。”

鹦鹉歪着头想了半天，并没有按照他教的说，却冒出一句：“吃饱了撑的啊？”

朋友们哄堂大笑，主人满脸通红，他又问：“你叫什么名字？”

鹦鹉：“一边去！”

朋友们笑得更厉害了，主人恼羞成怒，呵斥道：“再胡说八道我就宰了你做汤。”

鹦鹉：“去你的！”

其实，这些鹦鹉说的，就是平日这位主人的话。平日里不注意小节，又怎能指望它在关键时候表现得彬彬有礼呢？

鹦鹉学舌如此，孩子说话也是如此。孩子有没有礼貌不是天生的，是后天培养出来的，而且孩子天生就喜欢模仿别人，所以父母在家里的时候要注意自己的言行举止，注意讲礼貌，给孩子树立一个好的榜样。

教孩子文明待客之道

生活中，有些父母为了不让孩子打扰来访的客人，一般都会把孩子打发到一边，让他们自己去玩。这样做也许能够获得一时的安静，但是却可能会影响到孩子的社交能力。而这一不经意的举动，也伤害了孩子幼小的自尊心。久而久之，家里一来客人，他就会自动躲到旁边去。所以，父母要试着让孩子学会以主人身份招待客人，注重礼貌待客。

小丽是个可爱的小女孩，妈妈从小就教她礼貌待人。有一次，妈妈的同事来家里做客，刚一进门，小丽就和妈妈一起迎接，并有礼貌地说：“阿姨好！请坐。”阿姨打开皮包，取出一个玩具熊对小丽说：“送给你，喜欢吗？”小丽双手接过来，高兴地回答：“喜欢。小熊真可爱！谢谢阿姨。”然后懂事地抱着小熊到一边去玩，不打搅大人说话。客人要走了，小丽和妈妈热情相送，并主动说：“阿姨再见！欢迎您再来。”事后，妈妈的同事逢人便夸小丽是个懂礼貌的好孩子。

每个家庭都会有客人来访，父母要给孩子讲解待客的规矩，使孩子懂得一定的行为规范，比如亲友来访时，听到敲门声要说“请进”，见了亲友主动亲切问好，然后帮客人拿拖鞋、倒水、让座，如果大人之间有事要谈，孩子就要主动回避，不能在一旁插话，缠着父母，有小客人来，应主动拿出玩具给小客人玩，进餐时，客人未完全入席时不得动餐具自己先吃，客人离开时要说“再见”，并欢迎客人再次来访。

当客人来时，让孩子直接参与接待，可以让孩子参与一些力所能及的待客活动，通过直接参与，不仅能满足孩子想要与客人接触的心理，还能使孩子待客的动作和技巧得到练习并逐步养成行为习惯。

教孩子学会常用的文明用语

广场上，一家公司在做促销活动，免费赠送的气球吸引着不少孩子。“妈妈……”一个五岁左右的男孩拉拉妈妈的衣角，眼睛瞄向了气球。“好。妈妈给你要一个。”男孩心满意足地拿着气球到树荫下玩去了。另一个两岁多的男孩追着他看，尖叫声、欢笑声洒落一地。

气球爆炸了，两个孩子很沮丧。“妈妈……”大点的男孩喊。小男孩的妈妈看看烈日下的促销帐篷，对孩子说：“要是还想玩，你去跟阿姨要一个吧。”小男孩蹦蹦跳跳地去了，气球在一个小塑料棒上插着，不小心就会掉下来。孩子一边小心翼翼地举着，一边开开心心地笑着。

妈妈一边擦着孩子额角的汗，一边问：“你对阿姨说谢谢了吗？”

“谢谢！”孩子冲着远处喊。

“距离太远了，阿姨听不见啊！”

孩子又小心翼翼地举着气球走过去，为了向阿姨说一声谢谢。

不多久，这个气球又爆了。小男孩看了妈妈一眼，又看看远处的促销帐篷，撒腿跑开了，当他又举着气球回来时，很有成就感地说：“妈妈，这次我对阿姨说谢谢了。”

“这就对了。别人给了你东西或者给了你帮助，要说声谢谢！你要记着啊！以后不要再让妈妈提醒你好不好？”

“好！”孩子回答。

教孩子学会礼貌语言，是培养他们优良品质的重要内容。语言美能反映一个人的心灵美与高尚的情操。孩子年龄小，缺乏社会生活和交往的经验，不懂得什么是礼貌用语，也不会使用，家长要认真地教会他们。其内容有：对父母、老师和其他年长者要称呼“您”；请求别人帮助时，要用商量的口吻说“请”；当得到别人的帮助时，要说“谢谢”；当别人感谢时，要说“别客气”；当妨碍了别人或给别人带来麻烦时，要说“对不起”、“麻烦您了”、“请原谅”；当别人赔礼道歉时，要回答“没关系”或“不要紧”；在街头巷尾碰到同伴、长者，要说“您好”，而不能低头侧身装没看见；与别人分别时要说“再见”。

教孩子尊重他人

尊重他人，是孩子必须具备的品德。孩子来到这个世上，内心世界一片空白，如果没有父母的指导与教育，孩子不会明白什么是尊重。所以，我们要教会孩子怎样去尊重他人。

古人云：“尊人者，人尊之”，尊重他人是一种美德，是一种高尚的情操。只有尊重他人，才能获得他人对你的尊重。所以，尊重他人也就是尊重自己。

迈克就曾因不尊重他人，而付出了沉重的代价。迈克是一家小服装公司的老板，其公司产品大都通过一家外贸公司销往国外。迈克的公司与这家外贸公司长期合作，保持着很好的业务往来。外贸公司的经理就如同迈克的财神爷一样受到迈克的欢迎。

在一次谈判中，迈克极力劝说外贸公司和他们扩大贸易范围，但外贸公司经理就是不答应。迈克费尽了口舌，依然一无所获。此时，迈克恼羞成怒，外贸公司经理刚走，他就对手下人说："你看那胖子，往公司大门口一站，蚊子就只有侧着身子才能过来。"恰巧这时外贸公司经理回来取忘了拿的手机，正好听到了迈克的嘲讽。

外贸公司经理望了望迈克，拿起东西就走了，迈克很尴尬。之后他多次想方设法赔礼道歉，但外贸公司经理始终不予理睬。这样，他们两家公司也就逐渐减少了合作，直至分道扬镳。迈克为此损失甚多。

有时，我们都希望赢得别人的尊重，却往往忽视了尊重别人。"己所不欲，勿施于人"，是尊重他人的基本原则。心理学研究表明，人都有友爱和受尊敬的欲望，并且交友和受尊重的希望都非常强烈。人们渴望自立，成为家庭和社会中真正的一员，平等地同他人进行沟通。如果你能以平等的姿态与人沟通，对方会觉得受到尊重，而对你产生好感；相反地，如果你自觉高人一等、居高临下、盛气凌人地与人沟通，对方会感到自尊受到了伤害而拒绝与你交往。

哲学家威廉·詹姆士说过："潜藏在人们内心深处的最深层次的动力，是想被人承认、想受人尊重的欲望。"渴望受人喜爱、受人尊敬、受人崇拜，这是人类天生的本性。但是，有取必有予，我们希望获得些什么，也就必须首先付出些什么。我们希望获得别人的尊重，这就要求我们每一个人都要先学会尊重他人，这样我们才能获得别人的尊重。

有位妈妈是高级工程师，她经常在小区里碰到一位收废品的外地人，每次她都微笑着跟这位外地人打招呼。外地人有些受宠若惊，因为小区里住的都是这个城市的精英人群，很多人对他视而不见，而这位女士是唯一一个主动跟他打招呼的人。孩子问妈妈："妈妈，为什么其他人都不理这位收废品的叔叔呢？"妈妈说："因为有些人认为自己的身份比他高贵。"孩子接着问："那妈妈认为自己的身份不比叔叔高贵吗？"妈妈说："是的，我们都是平等的。这位叔叔收废品是在工作，妈妈做工程师也是在工作，我们都是工作者，所以我们是平等的。"妈妈接着说："如果我们的条件比别人好，那么我们要尊重别人，不能瞧不起他们；如果我们的条件比别人差，那么我们要尊重自己，不能自己瞧不起自己。你明白吗？"孩子点点头。

尊重是人的高层次的心理需要。一个孩子如果生活在尊重之中，他就学会了自尊和尊重别人。"人不如己，尊重别人；己不如人，尊重自己。"无论身处何位，尊重别人与自我尊重一样重要。所以，与人交往，不论对方的地位高低、身份如何、相貌怎样，都要尊重他人的人格，使人感到他在你的心目中是受欢迎的，从而得到一种心理上的满足，进而产生愉悦的情绪。

尊重别人这种品德，并不是天生获得的，它是良好教育的结果。生活中，不少孩子不懂得尊重别人，可能是没有学会尊重，也可能没有体验过被尊重，这是家庭教育的缺失，所以，父母要从小培养孩子尊重他人的良好品德，只要认真培养，孩子一定能学会尊重别人。

父母首先要尊重孩子

生活中，孩子只有受到尊重，才能从中学会尊重别人。如果父母总是对孩子大吼大叫，孩子很快就学会用同样的语调回应大人；如果父母喜欢对孩子指手画脚，孩子很容易就学会用同样的方式对待别人。这就要求家长在孩子成长过程中对孩子给予足够的尊重。父母在与孩子交往中，要把孩子当成人看，尊重他，不能任意摆布或训斥。在家庭教育中，家长应像尊重成人一样尊重孩子，把自己放在与孩子平等位置上，遇到问题换个角度去想想，寻求与孩子心理上的沟通。当孩子从父母的尊重、爱护中找到自信、自身价值的时候，他们会自然而然地学会尊重父母、尊重他人。

为孩子树立榜样

曾经有一个男孩，满口脏话，经常欺负女生，甚至对女老师也不恭，他的母亲也多次来校向老师哭诉，这孩子如何对她无礼。虽经老师教育，但收效甚微。看他的样子，瘦瘦弱弱，并不是那种天生一副野蛮相的孩子。原因究竟在哪里？直到有一天老师去家访才恍然大悟。那天开门迎接老师的是孩子的父亲，老师便随口问了声孩子的母亲在哪里，他的父亲则轻蔑地说：还瘫在床上呢，死猪婆！父亲如此当着孩子的面而且不顾有外人在场侮辱自己的妻子，怎么可能在孩子心中树起母亲崇高神圣的形象呢？孩子又怎么能很好地去尊重他周围的女性呢？老师愤怒至极，当着孩子，批评了他的父亲，这位父亲也意识到自己的言行对孩子的不利影响，感到惭愧和后悔，向妻子道歉，后来学会了尊重妻子。这个孩子的毛病也慢慢改掉了。

英国著名教育家斯宾塞说过："野蛮产生野蛮，仁爱产生仁爱。"父母本身的态度，对孩子的影响十分重要。生活中，父母与他人交往中的行为、态度和方法，或多或少会渗透孩子的言行中。父母身体力行地尊重别人，替别人着想，孩子看在眼里，自然会学习。例如在家庭中，父母对自己的长辈是否尊重，是否孝敬；对长辈是否使用尊称；与人谈话时，是否放下手中的活，微笑地注视着对方，认真聆听对方说话而不随意打断别人的发言；是否背后议论别人的短处或给人起绰号等，如果父母时时注意，处处做表率，这种无声的教育就会影响孩子养成尊重他人的好习惯。

让孩子尊重他人的劳动成果

尊重他人劳动成果是一种美德。日常生活中的每一样物品，都是劳动者通过千辛万苦地劳动才创造出来的，它们来之不易。所以家长们要教育孩子爱惜物品，珍惜每一件用品，来报答劳动者的辛勤付出。尊重可以从很小的事做起，擦掉一处污渍、捡起一张废纸，从点滴中就能反映出一个人的人格修养，养成对他人劳动成果尊重的习惯。父母还可以让孩子适当地参与劳动，当他体会到劳动的辛苦时，才会尊重他人的劳动成果。

学会道歉是孩子成长中的一大步

学会道歉是一种礼貌，也是一个重要的社会技能。生活中，做错了事就要道歉，这是理所应当的事情，任何人都不例外。美国公关专家苏珊亚各贝曾说：“学会道歉是一个重要的社会技能，真诚的道歉将会使人们感受到人与人之间最美好的情感。”所以，当孩子做错事情的时候，一定要让孩子学会道歉，去承担后果，付出代价，这不仅是为了得到别人的原谅，也是帮孩子从小建立责任感，增强孩子的自律能力，以便将来顺利融入社会生活。

但在现实生活中，却有一些人不愿放下面子主动去道歉，这有可能是受了传统观念的影响，也可能是对道歉的理解存在误区，而最主要的原因，可能是不少人从小就没有养成向别人道歉的习惯。

在一所中学的食堂里，学生们正井然有序地排着队，这时候，有一个初三年级的男生被前面的同学一推搡，不小心后退踩了身后一位男同学的脚。因为觉得自己也是受害者，所以，这个男生没有道歉。这可把他身后的男生惹火了，他大声骂了起来："有没有素质呀你，踩到人了不会道歉啊？"

结果这个男生也急了，用胳膊肘狠狠地捅了一下身后的那个同学，于是，两个人扭打成一团。直到老师赶到，才制止了这场可能会进一步激化的矛盾。

本来是一件小事，却因为不懂道歉而发展成斗殴事件，这是人们所不愿看到的。所以，当做错事情的时候，一定要学会道歉。如果我们每个人都能做到犯错后及时承认并道歉，不必要的矛盾、纠纷就会大大减少，整个社会的人际关系也会和谐很多。

知错就改，敢于道歉，才会赢得别人的尊重。本杰明·狄斯拉里说："世上最难做的一件事，便是承认自己错了。要解决这种情况，除了坦白承认错误，没有更好的办法。"倘若你发现自己错了，不及时向别人道歉，甚至千方百计找借口为自己辩解，会让事情变得更糟。这时，你不仅得不到别人的谅解，相反，还会受到道德上的谴责和人格、形象上的损害，甚至激化你和别人之间的矛盾，让你成为众矢之的。因此，任何人都不能小看了道歉的作用。

在家庭教育中，让孩子学会道歉是一门不可少的功课。当孩子有错误的行为产生时，父母需要在第一时间教导孩子正确的行为以及勇于认错，让孩子在小的时候就养成好的行为习惯，并让此习惯变成自然。

人非圣贤，孰能无过。成人都难免会做错事情，何况孩子呢？对于孩子来说，在做错事之后，最重要的是如何把道歉的心意向对方表白，以示自己认错的诚恳。所以，当孩子做错了事情的时候，一定要让孩子学会道歉。道歉不仅仅是承认错误、改正错误的开端，它还会使你的孩子因为自己的诚实而得到更多的尊重和信任，为他们将来在社会上的发展铺平道路。

父母要主动向孩子认错

传统的家庭观念认为父母向孩子道歉，会丧失自己的威严，所以，不少父母为了维护作为大人的面子，仍然坚持即使做错了也不向孩子认错。研究显示，父母向孩子认错，不仅可以融洽家庭关系，并且可以用现身说法让孩子明白每个人都会有错的时候，认错不是一件丢脸的事情。父母向孩子认错，不仅不会因为认错而丧失尊严，反而会让孩子更加尊敬。

著名诗人、民主战士闻一多，有一次因心烦出手打了还不懂事的小女儿，恰好被在外屋的次子立雕看见了，他就挺身出来批评父亲不该打小妹，且上纲上线说：“你自己是搞民主运动的，天天讲民主，在家里怎么就动手打人呢？”闻一多先是一愣，静坐沉思少顷后，走到立雕面前，神情十分严肃认真地说：“我错了，不该打小妹，我小时候父母就是这样管教我的，所以我也用这样的办法来对待你们。希望你们记住，将来不要用这样的方法对待你们自己的孩子。”这样的道歉，无疑使父亲在孩子们心灵中的形象显得特别高大！

父母是孩子最好的老师，孩子的很多行为都是在模仿父母。当父母做错了事或是错怪了孩子，应该真诚地向孩子道歉。父母给孩子道歉，不仅可以融洽家庭关系，还可以让孩子明白每个人都会有犯错的时候，道歉并不是一件丢脸的事情。事实上，父母不会因为向孩子道歉就失去威信，反而更容易得到孩子的尊敬。

让孩子真正认识到自己错误的所在

生活中，很多家长都会遇到这样一种情况：当孩子自己做错了事情，父母批评他的时候，他就会拒不认错，有时还很喜欢噘嘴拗气。遇到这种情况，脾气不好的家长一怒之下，就会把孩子斥责一顿，暴躁的甚至会暴打一顿，这不仅不会帮助孩子认识错误，反而会伤害孩子的自尊心。

小龙是个淘气的小男孩，到外面玩时，不是推倒邻家妹妹，就是一脚踢哭比他大的小哥哥，妈妈总是不停地应付小龙闯的祸，可小龙自己连个“对不起”都不说。

一次，爸爸带小龙到叔叔家做客，小龙和妹妹一起玩“过家家”，玩着玩着，俩人就为谁扮演警察而吵起来，小龙一把将妹妹推倒，妹妹哭着向小龙的爸爸告状：“他欺负我！”爸爸拉过小龙要他向妹妹道歉，小龙不说话。眼看爸爸伸出手就要打自己了，小龙不服气地拉着长声说：“我错了，哼！”看着小龙一副不知错的模样，爸爸真是又急又气。

学说“对不起”，是孩子们逐渐建立是非对错的意识，逐渐在意别人的感受，逐渐学习弥补错误的一个过程。有些孩子因为年龄小，缺乏是非观念，自我控制的能力不强，经常不能正确认识到自己所犯的错误，加上责任意识不足，通常在做错事后不懂得如何道歉。有时候来自父母的责骂会逼迫孩子说“对不起”，但实际上孩子并没有完全认识到自己的错误。所以，父母切不可对孩子动辄责备，应耐心地告诉孩子为什么错了，错在哪里，需要如何做才正确。只有孩子明白了这些道理之后，他们才会主动认错道歉。

纠正孩子说脏话的毛病

在成长的过程中，几乎所有的孩子都说过脏话、骂过人。孩子骂人的情形大约有以下几种：随口而出，不假思索；怒不可遏，发泄不满；觉得好玩，有口无心。无论是哪种情形，骂人都是极不文明的行为，时间久了，孩子很容易养成骂人的恶习。对此，家长一定要引起重视，从小纠正孩子骂人的习惯。

五岁的阳阳曾是个活泼可爱的孩子，但是现在变了。他在跟别人说话的时候，常会冒出一两句脏话来，比如“你是蠢猪啊！”、“赶快滚蛋”之类的。一次，妈妈带他一起去参加朋友聚会，他带了一个变形金刚的玩具去玩。有一个姓王的阿姨见他样子可爱，就跟他说：“阳阳，你的变形金刚怎么玩，教我好不好？”阳阳很乐意地答应了，然后教王阿姨一起玩。教了几遍之后，王阿姨装作还是不懂的样子，故意逗阳阳，结果他不耐烦了，抢过自己的玩具，说了一句：“你怎么笨得像猪一样！”听到之后，妈妈当时真的是很尴尬，王阿姨脸上的表情也瞬间定住了，然后假笑几声，去了洗手间。

妈妈随即严厉地教训了阳阳，他也哭着承认了错误，并保证不再说此类的话。可是，还没过一天，他嘴里又开始时常地蹦出脏话了。

一般来说，孩子们的脏话并没有恶意，但是家长却不能听之任之。因为多数的教育心理学家都认为，如果孩子长期不受约束的话，会出现性格发展缺陷。有人做过一份调查，主要内容是孩子说脏话的现状。接受调查的对象是200名小学生。调查结果从总体数字看，有42.5%的学生平时经常说脏话，有些学生因一点儿小矛盾就对骂，有的已成习惯，张嘴就带脏字。调查结果告诉我们，当前小学生骂人现象比较普遍，这不能不引起家长的重视。

那么，家长怎样才能纠正孩子骂人的行为呢？

不要在孩子面前说脏话

随着年龄的增长、语言水平的提高、社会交往的增多，孩子往往不可避免会接触到社会上一些不健康的语言环境，此时，家长应及时做好孩子的教育工作，保证孩子从小养成良好的语言习惯。

王女士开车带着四岁的小女儿去超市买东西。在超市的地下停车场里，王女士开着车转来转去，急着找寻一个停车位。王女士是一位律师，有着很高的文化程度。但当她看到有人抢先开车占了一个她一直等待在旁边的停车位时，忍不住小声骂了一句："这个停车场真是疯了，这个浑蛋真不要脸。"

几分钟后，王女士听到女儿鹦鹉学舌般地重复后半截脏话。刚听到女儿学脏话的时候，她还忍不住笑出声来，然后，她仿佛意识到了什么，马上停止了笑声，严厉地告诉女儿说，"我们不说这个词！"

孩子的语言表达方式，在很大程度上是模仿成人而形成的。如果家长说话粗俗，满口脏字，这就很容易使孩子去模仿。因此，家长应该提高自身的修养，为孩子做出良好的榜样。此外，家长还应该有目的地筛选影视作品，让孩子结交语言文明的小伙伴，尽可能杜绝孩子学脏话的渠道。

引导孩子建立语言羞耻感

小孩子说脏话，主要是因为没有语言羞耻感，很多说脏话的孩子并不知道脏话的意思和对人的伤害。一旦有了语言羞耻感，不但自己不说脏话，还会自觉抵制别人说脏话的影响。所以，一定要在孩子开始学习说话的时候，就积极帮助建立和培养语言羞耻感。当孩子骂人、说脏话后，家长要严肃地批评、教育他。批评时可以向孩子提出：为什么要说脏话？骂人能解决什么问题？被骂者会产生什么态度和采取什么手段报复等。让孩子知道和认识说脏话不会解决任何问题，只能加深矛盾、影响团结，从而促使孩子主动向被骂者道歉认错，达到团结的目的。这样，家长坚持数次，孩子也会改掉骂人、说脏话的不良习惯。

教育孩子正确对待与小伙伴之间的矛盾

父母应教育孩子以善良之心看待与他人的摩擦，让孩子明白生活中难免会发生不愉快的事情，让孩子学会宽容他人的过失，不要为这些小事而生气骂人。当孩子与小伙伴产生矛盾时，父母不能不分青红皂白就对孩子横加指责，或袒护自己的孩子，而要耐心地进行说服教育，教导孩子用谦让的态度来解决小伙伴之间的纠纷，并应明确表态。孩子一般都有害怕失去父母的爱、害怕失去小伙伴的心理，这样就会促使孩子改掉自己的不良言行。

教育孩子成为守时的人

守时，对个人来说是一种好习惯，在与他人的交往中是一种礼貌和信用。守时与否体现了一个人的教养和基本素质，不可小视。

德国民间就流传着这么一句话：“准时是帝王的礼貌。”守时就是遵守承诺，按时到达要去的地方，没有例外，没有借口，没有理由，任何时候都得做到。即便你因为特殊原因不得不失约，也应该提前打电话通知对方，向对方表示你的歉意。这不是一件小事，它代表了你的素质和做人的态度。这里不是要告诉你守时这条原则的重要程度，是要告诉你一些它如此重要的原因。如果你不尊重别人的时间，你也不能期望别人会尊重你的时间。一旦你不守时，你就会失去影响力或者道德的力量。

赵凯大学毕业后，到一家外资企业应聘。初试是笔试，笔试的题目是全英文的，赵凯凭着自己良好的英语水平和专业知识，很快完成了考题，展现了自己的能力。当天，公司人事主管便通知他次日参加面试，经过半个小时的交流后，人事主管对赵凯的印象特别好。赵凯也了解到，他应聘的岗位，基本工资5000元，每个季度还有效益奖，单位不仅缴纳各项社会保险，还补贴食宿。这让他很兴奋。

每个新员工入职前，外籍总经理都会亲自见一面，虽说是最后一关面试，其实就是在工作上提一些要求，说些鼓励的话。然而这个走过场的面试，赵凯却迟到了，约好的是上午九点见面，赵凯到的时候已经是九点半了。总经理在八点半就到了会议室，等到九点十分离开了，临走时让人事主管通知赵凯不用过来了，虽然赵凯接到电话，还是坚持赶了过来，可为时已晚，总经理的态度很坚决。

守时是尊重别人的开始，也是尊重自己的表现。守时的习惯代表你对自己的控制能力。如果一个人平常的举止行为，没有办法守时的话，那他做什么事情应该也很难如期完成。

守时是一种美德、一种素质、一种涵养，是待人有礼貌的表现。对于不守时的人来说，浪费的不仅仅是自己的时间和生命，同时也是在消耗别人的时间和生命。守时是尊重别人的时间和尊重自己的时间。尊重别人的时间相当于尊重别人的人格、权利，尊重自己的时间则无疑是珍惜自己的生命。因此，守时的人更容易获得他人的尊重。每次的守时，都会给对方留下良好的印象，从而为自己赢得更多的朋友。不遵守时间的人，在浪费自己和别人宝贵时间的同时，也会失去朋友，有谁愿意和一个不懂得珍惜时间、不懂得尊重他人的人做朋友呢？不守时只是一个表象，深层次的原因源于对时间的轻视和对别人的漠视，所以说，守时不单单是礼貌问题，更是人格问题。

一个守时的人定是一个懂得珍惜时间的人，不仅仅要注意不浪费自己的时间，也要时时注意不能够白白浪费别人的时间。管理好自己的时间，就是让自己无论在做什么事的时候都能够轻松应对、游刃有余。一个守时的人，必将获得别人的尊重，也必将赢得自己的成功。

守时是一种对别人的尊重，是一种于细节处相见的美德。它不仅体现出一个人对人、对事的态度，更体现出一个人的道德修养。

守时，是现代人所必备素质之一，现代生活节奏的加快，更呼唤着人们的时间意识。然而让人遗憾的是，现在的很多孩子都懂得这一礼貌。在我们的生活中，不守时的现象比比皆是，如上学迟到，和朋友约会迟到等。小的时候学不会守时，养成习惯了长大后依旧会如此，这种不守时的行为不但给他人留下不好的印象，还可能影响到孩子的生活以及今后的发展道路，给孩子的人生留下不可估量的损失。所以，守时的习惯应该从小养成，记住要及时帮孩子纠正不守时的坏习惯。

培养孩子的时间观念

有位爸爸在事先约定好的地方等待孩子一起去看电影，但是过了约定时间，孩子还没有出现。爸爸开始担心孩子是不是出了交通事故，虽然觉得孩子应该不在家里，但还是往家里去了电话。

接着，孩子的声音出现在电话里："玩电脑忘记了。"爸爸黯然神伤，也不听孩子的哭泣道歉，取消了看电影的计划，回到家就严厉地批评了不遵守约定的孩子。

守时就是要求孩子有良好的时间观念，而培养孩子良好的时间观念，养成不拖拉的好习惯，应该从孩子小时候抓起，让孩子在很小的时候就感知时间，懂得及时做到答应别人的事。如果孩子不守时，而我们又一次次地原谅他，他就没有机会认识到守时的重要性了。人们常说“一寸光阴一寸金”，时间和机会一样从来不等人。所以，我们要让孩子懂得珍惜时间，同时也要珍惜他人的时间，不要总是迟到，让别人等待自己。

对孩子进行指导和督促

守时也是守约的一种表现。小孩虽然重视与朋友间的约会，但自我控制能力不足，有时因贪玩或留恋某一件事，不能准时赴约，或因时间观念不准确，而错过约定时间，父母有责任提示孩子约定时间。比如孩子和同学约好了出去玩，家长可以提前问一问孩子“准备好了吗”、“你们几点钟出发”，提醒孩子按时赴约，守时守信。家长平时要注意做个有心人，抓住孩子生活中的点点滴滴，有针对性地对孩子进行具体的指导，对的给予肯定和支持，不对的帮助其分析和思考。

给孩子讲道理

给孩子讲道理是必要的，孩子只有明白了其中的道理，才有可能从行动上进行改变。但给孩子讲道理不能简单空洞的说教，而要结合具体的实例，家长可以将下面这个故事讲给孩子听，让他们在故事中学会珍惜时间，不迟到，做个守时的孩子。

美国第一任总统华盛顿就是个非常守时的人。他自己总是守时，也要求旁人能做得到。有一次他的秘书告诉总统自己的表慢了点，所以迟到了，华盛顿对他说：“那你换表，或我换秘书。”他的守时还表现在他对准时吃饭的坚持。他每天都准时在下午四点用餐。有一次他宴请国会议员，但众人迟到了。大家进入饭厅的时候赫然发觉他已吃了一半，他冷静地对宾客说：“我的厨师永远不会问宾客到了没有，只会问时间到了没有。”

类似守时的小故事很多，鲁迅“时时早，事事早”的故事也同样可以讲给孩子听，达到教育的目的。

为孩子做出守时的榜样

和其他好习惯的养成一样，培养孩子守时的好习惯，家长同样要以身作则。答应孩子的事要做到，说好六点起床绝不赖床到七点；说好五点去接他回家，就不要让他等到五点半。同时，办事麻利，不要拖拖拉拉。不仅如此，还要在工作、生活、言行等方面都尽量做遵守时间的榜样。平时，若答应孩子干什么或到什么地方，都要准时做到，决不拖延或改换时间。即使有特殊情况导致不遵守时间的现象，一定要向孩子道歉，并说明原因，使孩子知道父母不是有意的。通过长期的教育和榜样行为的影响，孩子遵守时间的行为习惯不仅能得到发展和巩固，而且也使孩子初步懂得遵守时间的重要性。

培养孩子宽容忍让的品格

宽容是人的一种美德，是做人的一种风度和境界。现实生活中，人们常常遇到别人对不起自己或做了有损于自己的事情，对此不会耿耿于怀，不会过分计较，能够笑一笑就过去，这就是宽容。

孩子的宽容心是一种非常珍贵的感情，它主要表现为对别人过错的原谅。这种感情对于孩子个性的健康发展，尤其是情感的健康发展，以及对于孩子良好人际关系的建立有着非常重要的意义。

但遗憾的是现在的孩子多数是独生子女，因为父母过于溺爱，他们总是以自我为中心，很少顾及他人的感受，对别人给自己带来的一点伤害总是耿耿于怀。

例如，在与小伙伴交往的过程中，往往容不下对方的小小过错。这种缺乏宽容的态度，使得他们很难与小伙伴建立良好的关系，甚至还可能被孤立。所以，父母一定要从小培养孩子宽容的品质，使孩子成为一个能够宽容别人的人。

亮亮将一本新买的《驯龙记》漫画书带到了学校，他一下课就翻出漫画书高兴地翻阅起来。不巧，同桌起身时不小心把墨水瓶碰翻，墨水洒到了漫画书上，把一本精美的《驯龙记》漫画书弄得脏兮兮的，无法继续看下去了。亮亮很生气，不但让同桌赔他新的《驯龙记》，还把这件事告诉了班主任。结果，亮亮的同桌被老师批评了一顿。

放学回家，当亮亮跟妈妈诉说这件事情的时候，妈妈严肃地对他说："谁都有不小心犯错误的时候，如果你犯了同样的错误，你的同桌大喊大叫，让你赔，还告诉老师批评你，你舒服吗？"

亮亮说："我会很难受的。"接着，妈妈又告诉亮亮："要和气、友好地待人，不能斤斤计较，尤其是对待同学，更要大度、宽容，像今天这样的情况，应该说'没关系'。这样，才能成为受同学欢迎的人，成为快乐的人。"这件事给亮亮留下了深刻的印象，在妈妈的启发下，亮亮渐渐理解了宽容的含义，学着去宽容待人了。

宽容是一种品德，也是一种智慧，如果父母教会孩子学会宽容，那么孩子就掌握了跟人交往的一种智慧。富有宽容心的孩子往往心地善良、性情温和、惹人喜爱、受人拥护，而缺乏宽容心的人往往性情怪诞、易走极端、不易为人亲近，因而人际关系往往不好。因此，教孩子学会宽容尤为重要，这不仅仅是为孩子今天能和伙伴处理好关系，更是为孩子将来的人生奠定基础。

宽广的胸怀不是天生的，是靠后天的培养和教育的。生活中，父母要注意培养孩子拥有一个宽广的胸怀，从日常生活、学习中加以注意，抓住每一件可以教育的事情，不断对孩子进行宽容待人的引导和教育，逐渐使宽容的理念融入他们的品格之中。

父母为孩子树立宽容的榜样

宽容的种子往往需要父母用心去播种，只有宽容的父母才能培育出宽容的孩子。孩子最初是从父母那里学习待人接物的方式的。父母宽容、大度、遇事不斤斤计较，与邻里、同事之间融洽相处，孩子就会学着父母的样子处理同学之间的关系，也会变得宽容、好善、乐于助人。

一位年轻的妈妈带着儿子去拜访他的同学。在公共汽车上，一位背着大包的青年挤进了车厢，妈妈被大包撞到了一边。

儿子关切地问："妈妈，你没事吧？"同时，他恼怒地看了那青年一眼，喊了一句："太可恨了。"

年轻的妈妈看着儿子，说道："可不能这么说，这位叔叔不是故意的。"这时，那位青年也连连向她道歉。儿子听到这些，惭愧地低下了头。

几天以后，妈妈早早地下了班，她骑着车子来到学校，准备接儿子回家，结果发现儿子的手破了皮，血一滴一滴地往下流。妈妈心疼极了，赶快找来一些纱布，将他的伤口包好。然后就去问老师是怎么回事，老师也很纳闷，因为她既没有看到他来报告，也没有听到他哭过。

妈妈不解地问："为什么没有告诉老师呢？"儿子笑着说道："妈妈，小朋友不是有意弄伤我的呀！因为这事，他已经深感不安了，如果再去告诉老师，他会更加自责的。"

妈妈听了非常高兴，他摸着儿子的头说："好孩子，你已经学会了谅解别人。"

故事中的妈妈用自己的实际行动为孩子树立了正确的榜样，在孩子幼小的心田里播下了一颗宽容的种子，让孩子懂得了一个人要学会宽容和关心他人。

孩子的宽容之心最主要的来源就是父母。要培养善良、宽容的孩子，家长必须以身作则，为孩子做好的表率，同时抓住教育契机善加引导，使孩子具有良好的心态和应对各种环境的能力，使他们拥有快乐的人生。

让孩子学会换位思考

所谓换位思考，就是指当双方产生矛盾时，能够站在对方的角度上思考问题，思考对方何以会如此行事、如此说话。如果真的能够做到这一点的话，就能够理解对方，就能够减少很多不必要的矛盾。

许多孩子只习惯于从自己的角度思考问题，而不习惯于站在别人的角度上思考问题。要消除这种现象，办法就是“换位思考”。

有这样一个故事：

一个叫朱丽叶的七岁英国小女孩在自己的生日晚会上遭到好友玛丽的无端抢白而感到大丢面子，因而试图报复以泄心头之恨。但后来在母亲的劝说下，她通过和玛丽谈心了解到：当时玛丽喂养的小兔子突然死去，心情十分沮丧，故难免出言不逊。在经过一番将心比心后，朱丽叶理解了当时玛丽的悲痛的心情，于是大度地原谅了玛丽，两个小伙伴的友谊更深厚了。

在孩子与他人发生争吵或矛盾时，家长可以教孩子学会从他人的角度来看待问题，让孩子把自己置于别人的位置，并站在他人的角度来思考问题。这样孩子不仅可以了解别人，还会赢得友谊。父母应该教育孩子经常自问：“要是我处在这种情况下，我会怎么想呢？又会怎么做呢？”“我现在应该为他做点什么，他的心里是不是会感觉好受一些呢？”这样，孩子往往会看到问题的另一面，从而养成其宽容的品格。

宽容孩子的错误

在生活中，父母要有宽容的态度，不仅是对他人，对待孩子尤需如此。父母的宽容能让孩子效仿。孩子的主观意识世界与现实世界难免有很多不相符合的地方，所以，孩子犯错也是在所难免的。当父母发现孩子的过错时，千万不能不问缘由地加以责罚。不妨弄清事情发生的来龙去脉之后，再对孩子适当地、合理地宽容一些，孩子可能反而会更容易改正错误。

小光放学回家后接到妈妈的电话，妈妈说要加班，很晚才能回来。小光听了很高兴。他想在妈妈回来之前去网吧玩游戏。

在网吧打了两个小时的游戏后，小光才回家。一进门他发现妈妈已经回来了。他害怕极了，心里特别紧张，妈妈严肃地问道："这么晚了你干什么去了？"

因为担心妈妈惩罚自己，小光便撒了谎："我去楼下小强家和他一起做实验了。"

妈妈摸了摸小光的头，没有再问什么就让他去做作业了。后来，在妈妈与爸爸的谈话中小光才发现，妈妈原本知道他去了网吧。因为网吧里吸烟的人很多，妈妈从他身上闻到很重的烟味。他还听到妈妈对爸爸说："我知道小光是个好孩子，他会认识到自己的错误的。"

从那一刻起，小光就下定决心，一定不辜负妈妈的希望，努力做一个好孩子。

孩子犯了错，妈妈没有盲目地对他的错误进行批评和惩罚，而是把握住了孩子的心理和成长的规律，以一颗宽容的心对待孩子。父母通过其自身的行为让孩子体验到了宽容的力量，孩子也会学着以宽容之心对待他人。

第四章 提高人际交往能力，让孩子拥有好人缘

在竞争日趋激烈的现代社会，人与人的交往成为必不可少的生存方式。孩子从出生起，都要由『自然人』逐步转化为『社会人』，这种转化过程就是孩子成长的过程，也是孩子学习、发展、自我完善的过程。孩子在自我完善中的每一次成功，都离不开他人的支持和帮助。因此，家长应有意识地让孩子自己去处理人际关系，培养孩子的人际交往能力。

带孩子走进交往的世界

交往是人的需要，也是社会对人的要求，通过交往，人们能够互相交流信息和感情，协调彼此之间的关系，达到共同活动的目的。卡耐基曾说过：“一个成功者，专业知识所起的作用是15%，而交际能力却占85%。”人际关系的和谐，交往本领的高强，是未来社会判断成功者的重要标准。

交往是人们实现合作与沟通的前提，对孩子的成长有很重要的作用。社会的发展，越来越需要人们具有善于与人交往合作的能力。培养孩子良好的社交能力，不仅是孩子智力发展、健康成长的需要，更是他们日后生存和发展所必备的品质。

交往是让孩子适应社会、进入社会的一个重要途径。孩子只有在与同伴、成人的友好交往过程中，才能尽早学会在平等的基础上协调各种关系，正确地认识和评价自己，形成积极向上的情感。

孙睿今年七岁了，刚刚上小学一年级，由于某种原因他比同龄的小朋友晚入学一年。入学后，孙睿没有朋友，就连他的同桌小强也不愿意理他，还经常欺负他。

孙睿把这些情况告诉了爸爸，爸爸问他：“小强为什么不愿意理你呢？”

“他说我很笨，所以晚上一年学，还告诉其他同学不理我。”孙睿告诉爸爸。

“那你就好好读书，每门功课都要比他们好，让老师也说你好，他们就不会不理你了。”爸爸说道。

孙睿听了爸爸的话，非常用心地学习，成绩进步很快，这让同学们都很吃惊。渐渐地，他们都不说孙睿笨了。

可是，小强还是经常欺负孙睿，有一次竟然打了他。孙睿很难过，告诉了爸爸。

“小强是个怎样的孩子？你能和爸爸说说吗？”爸爸问孙睿。

“他学习不用功，经常在学校里捣乱，上课也不好好听讲，老师让他回答问题，他什么都不会。”孙睿说道。

“噢，那你想过在学习中帮助小强吗？”爸爸问。

“我为什么要帮他，他总是欺负我！”孙睿不解地说。

“要想不让他再欺负你，最好的办法就是把他变成你的朋友，你觉得呢？”

孙睿想了一会儿，对爸爸说：“我知道该怎么办了。”

“好，相信你们会成为好朋友的！”爸爸高兴地说。

后来，孙睿果然主动去帮助小强了。起初小强还有点迟疑，但看到孙睿是真心想帮助自己，便愉快地接受了帮助。过了一段时间，小强的学习成绩有了很大的进步，孙睿和小强也成为最好的朋友。

人际交往的能力是在与人交往的过程中培养的，孩子正是在与各种不同的人打交道的过程中，渐渐形成了待人处世应有的态度，帮助孩子获得社交技能，是为了促进其社会性行为的发展，使他们尽快从自我中心解脱出来，成为能适应社会、能与人愉快协作的具有健康心理和健全人格的人。

随着社会的发展，人际交往的功能越发显得重要，一位成功学专家说：所有成功的人之所以成功，是因为他的人际关系非常好。不会与人交往的人，在社会上很难受到别人的欢迎。而一个不受欢迎或不被他人接纳的人，也是根本不可能取得成功的。因此，父母应当充分认识让孩子学会交往的重要性，从小鼓励孩子积极交往，从而为孩子的健康成长和将来走上成功之路打下一个坚实的基础。

给孩子传授交往的技能

乔治·华盛顿大学的心理学家莱金·菲利普斯认为，许多孩子不能与他人正常交往的原因，是因为他们没有学会基本的人际交往技能，从而也不能以正常的方式和别人交往。所以，父母要教会孩子与人交往的技能。

在夏令营中，一位叫小然的一年级小姑娘经常在同学、老师不在意的时候捏同学的脸颊。于是，好多小朋友不喜欢和她玩。有一次她捏李老师的脸颊时，李老师问她："小然，你是不是喜欢李老师？"小然点点头说是。李老师轻轻拥抱小然说："你喜欢李老师，可以握握李老师的手，也可以拥抱一下老师，就像李老师拥抱你一样，知道吗？你捏我的脸颊，我会很疼的，小朋友也会疼。"小然很乖地答应着，在随后的日子里，她学会了用拥抱和握手表达她对老师或者某个小伙伴的喜欢，也因此，越来越多的小朋友喜欢和她玩了。

为了提高孩子的交往能力，家长要指导孩子学会沟通交往的技能和本领，如待人、接物、礼仪、谦让、谈吐、举止的规范，正确处理与伙伴间的关系，友好地与同伴交谈，用别人喜欢的名称招呼他人，赞扬他人时要诚心诚意，批评他人时要与人为善，体察别人的情感，了解别人的需求，学会当接受别人给予时，要考虑别人的奉献，追求自己需要时，想想别人的利益，引导孩子严于律己，宽以待人，不要斤斤计较，不要心胸狭隘等，让孩子学会交往的技能。

让孩子学会自己解决冲突

在孩子的日常交往中，矛盾和冲突时有发生，如果所有的冲突都让家长参与解决，既不现实也不可能，而且还会增加孩子的依赖性。实际上，孩子之间的冲突没有多少利害关系，孩子自己完全可以解决。为此父母要敢于放手并鼓励孩子自己想办法解决冲突。这样一来不单可以培养孩子独立解决问题的能力和责任感，还可以使孩子获得成功感和满足感。

放学回家后，爸爸发现儿子不太高兴，于是问他："怎么了，在学校里遇到什么不开心的事情了吗？"

"没有什么。"儿子回答说。

"那我怎么发现你不开心呢？是不是有人欺负你了？"爸爸接着问。

"我说过没什么了，爸爸你别管了。"儿子一边说，一边朝爸爸挥了挥手。

这时，爸爸发现儿子的胳膊上有条伤痕，不禁吃了一惊，急忙抓住他的胳膊，问道："到底是怎么回事，快告诉爸爸。"

儿子一看瞒不过爸爸，就一五一十地告诉了他。原来班上有个同学特别霸道，经常欺负他，有几次还动手打了他。听到这种情况，爸爸十分恼怒，对儿子说："别人老欺负你，你应该还手。"

妈妈听到了爸爸的话，不解地说："还手干什么，打架吗？哪有你这样教育孩子的？打架根本解决不了问题。"

爸爸说："那你说怎么办，难道就这么老让人欺负？"

妈妈说："我也不知道怎么办，总之不能鼓励孩子动手打架，再说，要是孩子打不过别人，怎么办？"

听着爸爸妈妈的争执，儿子默默地回到了自己房间。

孩子交往中时常会和别人出现矛盾，家长不必急于介入，更不要大惊小怪，而应引导孩子正确认识交往中的各种矛盾，让孩子学会独自面对交往上的小问题，教给孩子一些正确的交往方法，如分享、交换、轮流、协商、合作等，让孩子学着自己解决问题。其次应该适时公正地加以引导，培养孩子勇于改错的精神，能原谅他人，在交往中，能互相帮助，具有同情心。

为孩子提供交往的机会

交往能力是在与他人的接触中形成和发展的，如果没有这样的机会，孩子的交往概念就很难形成，交往能力也就很难发展。家长应该为孩子创造条件、提供各种机会，让他们在实践中学习交往，感受交往的快乐。

美国前总统约翰·肯尼迪的父亲约瑟夫，很注意创造条件让孩子得到多方面的交往机会，他让男孩子们全部到非教会学校读书，使他们能与各种背景的人接触，扩大视野，后来，他的四个儿子全部进了哈佛大学，成为社会杰出人士。

孩子自己的圈子毕竟是有限的，父母要为孩子多提供交往的机会，以增长孩子的见识，增强孩子的社交能力，为孩子将来步入社会奠定必要的基础。生活中，父母可以多带孩子参加一些社会活动，让他们结识更多的人；请邻居的孩子到家中玩，让自己的孩子与别的孩子住在一起，请好友的孩子在自己家住几天等。给孩子创造一些与人交往共处的机会，时间长了，孩子就能增强与人交往的能力。

让孩子养成良好的倾听习惯

在人际交往中，很多人之所以不讨人喜欢，不能给人留下良好的印象，原因是他们不能耐心地做一个很好的听众。教育家卡耐基说："做个听众往往比做一个演讲者更重要。专心听他人讲话，是我们给予他的最大尊重、呵护和赞美。"每个人都认为自己的声音是最重要的、最动听的，并且每个人都有迫不及待地表达自己的愿望。在这种情况下，友善的倾听者自然成为最受欢迎的人。

基德是威廉见到的最受欢迎的人士之一。他总能受到邀请参加一些私人聚会。

一天晚上，威廉碰巧到一个朋友家参加一次小型社交活动。他发现基德和一个漂亮女孩坐在一个角落里，出于好奇，威廉远远地注意了一段时间。威廉发现那位年轻女士一直在说，而基德好像一句话也没说，他只是有时笑一笑，点一点头，仅此而已。几小时后，他们起身，谢过男女主人，走了。

第二天，威廉见到基德时禁不住问道：

“昨天晚上我看见你和最迷人的女孩在一起，她好像完全被你吸引住了。你怎么抓住她的注意力的？”

“很简单。”基德说，“有个朋友把她介绍给我认识后，我只对她说‘你的皮肤晒得真漂亮，在冬季也这么漂亮，是怎么做到的？你去哪里了呢？毛里求斯还是夏威夷’？‘夏威夷。’她说，‘夏威夷永远都风景如画。’‘你能把一切都告诉我吗？’我说。‘当然。’她回答。我们就找了个安静的角落，接下去的两个小时她一直在谈夏威夷。今天早晨，那个女孩打电话给我，说她很喜欢我陪她。她说很想再见到我，因为我是最有意思的谈伴。但说实话，我整个晚上没说几句话。”

看出基德受欢迎的秘诀了吗？很简单，基德只是让那个女孩谈自己。他对每个人都这样——对他人说：“请告诉我这一切。”这足以让一般人激动好几个小时。人们喜欢基德就因为他注意他们。

人们都喜欢善于倾听的人，倾听是使人受欢迎的基本技巧。人们被倾听的需要远远大于倾听别人的需要。倾听是心与心的交流。只有善于倾听的人，才会赢得更多的朋友。曾经有教育心理学家对人的一系列交往活动进行研究，结果发现在人们的各种交往方式中，听占45%，说占30%，读占16%，写占9%。这就充分显示了，人有一半的时间在听，听是人们获取知识、与人交往的主要途径之一。

良好的倾听习惯是人不可缺少的素质之一，是人与人交往的必要前提，是人进行学习的重要手段。让孩子养成良好的倾听习惯，对其今后的发展也是相当重要。

倾听是孩子感知语言、理解语言的行为表现，是孩子语言学习不可或缺的一种行为能力。只有懂得倾听、乐于倾听并善于倾听，才能真正地理解语言，正确地运用语言，掌握与别人进行语言交流的技巧。所以，培养孩子的倾听能力，使孩子养成良好的倾听习惯，对于他的语言能力和沟通能力的发展会起到很大的推动作用。如果您希望自己的孩子成为一个善于谈话的人，就要先培养他做一个能耐心倾听他人说话的人。

善于倾听是一个人不可缺少的修养，学会倾听不但能正确完整地听取自己所要的信息，而且会给人留下认真、踏实、尊重他人的印象。苏格拉底说："人有两耳双目，只有一舌，因此应多听多看少说。"莫里斯说："要做一个善于辞令的人，只有一种办法，就是学会听人家说话。"世上许多人之所以不能给人留下良好的印象，正是因为他们不能耐心地做一个很好的听众。所以，如果要别人喜欢你，原则是：首先做个好听众。

对孩子来说，学会倾听是一种必须具备的美德和交际能力。倾听既是一个听的过程，也是一个学的过程。在倾听他人的过程中，孩子可以从他人的言语中学习到一些自己不知道的知识和他人的为人处世的态度与原则。学会倾听，也就学会了尊重别人，学会了真诚处事，学会了关心，也学会了理解和沟通。

学会倾听是一种能力、一种习惯。它不是一朝一夕养成的，是一个长期的过程，这就需要家长经常提醒、督促和长期的指导。在平时的生活中，只要父母善于捕捉教育契机，适时引导，不断训练，就能使孩子逐步养成倾听的良好习惯。

教孩子一些倾听的技巧

小阳的妈妈最近遇到了烦恼，幼儿园里的老师告诉她，小阳在班里的表现欲望过于强烈，常常喜欢打断老师的讲话，老师让其他小朋友回答问题时，小阳也从来不听，有时候，老师明明给了小阳明确的提示，但小阳也还是陷在自己的思维里，不断重复自己的讲述，老师要求小阳妈妈配合训练小阳的倾听本领。

倾听是一种学习技巧。孩子不能认真地倾听他人讲话，往往与他不懂得如何去听有一定的关系。所以，父母有意识地教他一些倾听的礼仪，对他养成倾听的好习惯有很大的帮助。我们要经常告诉孩子：听别人说话时，眼睛要看着对方，聚精会神地听清楚、听明白。在别人还没讲完时，不要着急地发表自己的看法。听完以后再想一想，他说的或问的是什么，如果自己没有听清楚，可以再问一问，如果听清楚了，再说出自己的意见。

做善于倾听的家长

在现实生活中，许多父母都没有认真倾听孩子心声的习惯，这也是孩子无法养成倾听他人这一习惯的原因。如果父母不善于倾听孩子，孩子说的话就得不到父母的重视，孩子便只会把自己的想法隐藏起来，而且，孩子还会感觉到父母不尊重自己，从此更加不愿与父母沟通。这种后果将是非常严重的。

阳阳的母亲最近声带发炎，疼得要命，医生嘱咐她一周内不要讲话，这可憋坏了平时爱说话的她。但是，母亲发现，这段时间，自己跟儿子的关系却奇迹般地融洽起来。

看过医生的当天，阳阳回家一进门："妈妈，我再也不想去幼儿园了，老师笑话我！"

如果平时听到儿子这么说，母亲肯定先怪罪孩子调皮，声音比儿子的还大。但是由于不能说话，她只好忍住了，什么都没有讲。

气呼呼的儿子来到母亲的身边，伤心地哭了起来："妈妈，今天老师让我们装玩具，我把小马的耳朵给小驴安上了，小朋友们都笑我。"

母亲依然没有说话，而是把伤心的儿子搂在了怀里。儿子沉默了几分钟，从母亲怀里站了起来，平静地说："妈妈，我去玩了，我没事了。"然后就高高兴兴地走了。

这次声带发炎，无意中让阳阳的母亲体会到了倾听对于和谐亲子关系的奇妙功用。

让孩子学会倾听，家长首先要学会倾听孩子。只有有效地倾听孩子的述说，才能走近孩子、真实地了解孩子的内心世界，而且还会给孩子树立一个倾听的榜样，从而有助于发展孩子的倾听能力。

倾听孩子说话时，父母一定要端正姿态，千万不要摆出一副表面上倾听、实际上千方百计想出一些理由来反驳他的样子，完全不顾及孩子的感受，总是否定孩子的想法，这样孩子便不会再主动与父母交流了。

认真倾听，不要随意打断别人讲话

伍斌是一个思维灵活、心直口快的孩子，在班会上及与别人谈话时，总是抢先发言。当别人说话时，他常常在中间打断，迫不及待说出自己的想法。而且，他不是举手打断，而是直接坐在自己的位置上大声发表言论。

他对自己常常打断别人的讲话这一行为并没有丝毫悔意，反而觉得自己的话能给发言的同学以启发，自己的观点都是正确的，而且一定要说出来。不管这时别的同学是否在陈述个人的观点，都要为他"让路"。

一开始，多数同学不愿意去直接批评伍斌的这一做法，对他这种做法并没有过多介意。可时间一长，同学们对他就有看法了，有的甚至不愿意与他来往。

随意打断别人的讲话，这是对他人不尊重的表现。一个不知道尊重他人的孩子是不可能有朋友的。所以，父母要让孩子懂得语言交往的基本规则，当别人说话时，要集中注意力耐心去听，不随便插嘴，不打断别人的话，和别人对话时要懂得一问一答。

及时肯定孩子的倾听行为

小刚是个调皮好动的男孩子。这天家里来了客人，客人问小刚话，小刚总是不能认真地倾听，一会儿看电视、一会儿摆弄他的玩具、一会儿又和小狗玩起来；爸爸妈妈在与客人聊天时，他还会时不时地插嘴……

客人走后，妈妈把小刚叫到身边，小刚满以为妈妈又会像以前一样教训他一通。让他没想到的是，妈妈不但没有教训他，反而夸他："儿子，刚才那位阿姨走的时候夸你了，说你今天有段时间很认真地听她讲话，她让我转告你，谢谢你能认真地听她讲话！"

小刚被妈妈说得不好意思了，不过他心里还是很高兴。

接下来的日子，妈妈一直在夸小刚：

"小刚，你听得很认真，这可是尊重别人的表现呀！"

"小刚，你把他的优点学来了，说明你很会听啊！"

"这么一点小小的区别都被你找出来了，你的听力可真了不起！"

"儿子，你听出了他的问题，可真帮了他的大忙！"

……

就这样，这个小男孩真的变得特别会倾听他人的话语了。

正确适当地评价是调动孩子学习积极性的重要因素，也是培养孩子倾听的重要手段。所以在“听”的培养中，家长千万不要吝啬你的赞扬，让孩子能够品尝到成功的喜悦，获得成功的满足感。如果父母可以像上例中的妈妈一样，多多地鼓励和表扬孩子，就有利于让孩子养成好的倾听习惯。

为孩子播种“幽默的种子”

在人际交往中，幽默是心灵与心灵之间快乐的天使，拥有幽默就拥有爱和友谊，凡是具有幽默感的人，所到之处，皆是一片欢乐和融洽的气氛。

美国学者特鲁指出：“幽默是一种能力，一种了解并表达语言的能力；幽默是一种艺术，一种用来增进你与他人的关系，并改善他人对你评价的一种艺术。”在现实生活中，幽默可以化解人的消极情绪，消除沮丧与痛苦，舒缓紧张的气氛，甚至能给别人带来快乐和希望，给自己增加修养与魅力，幽默甚至是一种生活的态度。具有幽默感的人，生活充满情趣，许多看来令人痛苦烦恼的事，他们却应付得轻松自如。

有一个人在市场上买了六只中国的麻雀，决定用它们去讨好国王。

按照这个国家的习惯，七是大吉大利的数字。要是送去六只，国王兴许会不高兴的，他一发怒，可就麻烦了。

但是，中国麻雀只有六只，怎么办呢？他想了半天，决定混进一只本国麻雀，凑足七只，献给国王。

国王一见，果然高兴。他仔细地把它们逐一玩赏了一遍，突然发现有一只本国麻雀混在里边，立即大怒，责问他：“这是怎么回事？是不是你自恃博学多识，欺我寡陋无知？”

这个人一听，知道自己闯了大祸，吓得发抖。突然，他想起一个理由，忙对国王说："陛下，这只本国麻雀是一位翻译。"

国王听后，哈哈大笑。

幽默是人际交往的润滑剂，一句幽默语言能使双方在笑声中相互谅解和愉悦。用幽默来处理烦恼与矛盾，会使人感到和谐愉快，相融友好。

幽默感在人的社交能力发展过程中起着举足轻重的作用。擅长幽默的人在人际关系方面比较成功，幽默风趣的人比缺乏幽默感的人更有魅力、更受欢迎。著名幽默家克瑞格·威尔森曾经说过："在我的成长过程中，幽默是生活中的七彩阳光，没有它，就没有我五彩缤纷的童年，也没有我充满欢声笑语、幸福无限的家庭。"事实确实如此，幽默感是一个人最具智慧的体现。和有幽默感的人相处，你会感到非常轻松而且愉快。

美国前总统里根在任初期，有一次被枪击重伤，子弹穿入胸部，情况危急。在生命交关的当头，里根面对赶来探视的太太的第一句话竟是："亲爱的，我忘记躲开了。"美国民众在得知总统在身受重伤时仍如此富有幽默感，坚信他康复指日可待，因此也稳定了可能因总统受伤而动荡的政局。

幽默是一种智慧、一种艺术，它可以体现出一个人的知识与修养。善用幽默的人不仅受人喜爱，更能获得别人的支持和帮助。

幽默是一个人对待生活态度的反映，是对自身力量充满自信的表现。只有对自己的前景充满希望，才能发出由衷的笑声。一个具有幽默感的人，能时时发掘事情有趣的一面，并欣赏生活中轻松的一面，建立起自己独特的风格和幽默的生活态度。这样的人，容易令人想去接近；这样的人，使接近他的人也分享到轻松愉快的情感，这样的人，更能增添个人的光彩，更能丰富我们生活的这个社会，使生活更具魅力、更富艺术。

但现实生活中，许多父母对孩子的幽默感并没有给予重视。他们认为，幽默是成年人的事，孩子有无幽默感是无所谓的，其实不然。现代医学研究表明：孩子因富有幽默感而经常开怀大笑时，不仅会增强肠胃功能，提高机体免疫力，而且会使孩子心胸开阔、富有朝气、思维活跃、头脑敏捷，帮助孩子更好地应对生活中的压力和痛苦，更开心地生活。

玛丽是一个十岁的小姑娘。有一次，她没有被邀请参加学校举办的圣瓦伦圣诞节舞会，当妈妈问她是否心情不好时，她故作风趣轻松地说："噢，天哪！太可怜了！我不得不退掉特别设计的衣服，取消预约的高级轿车！"

看，这就是一个孩子用幽默解决生活烦恼的智慧。幽默感能让孩子自如地应对生活中遭遇的烦恼，可以使他们在尴尬的处境中不失面子，可以使他们对付愤怒情绪、委婉地表达难以出口的想法。孩子的幽默性格一旦形成，对其一生都将产生重要的影响。具有幽默感的孩子大多开朗活泼，往往更讨老师的喜欢，人际关系也比不具幽默感的孩子好得多。幽默还能帮助孩子更好地应对生活和学习中的压力和痛苦，因而幽默的孩子往往比较快活、聪明，能较轻松地完成学业，拥有一个乐观向上的人生。

列宁说："幽默，是人的一种优美的品质。"孩子们是最富有幽默天赋的，他们的幽默是最自然、最纯真、最坦率、最美好的。只是这种天赋需要父母用心去发现、体会、并激发孩子幽默的潜质。因此，父母要在点滴的生活中给予孩子幽默的熏陶，注重培养孩子的幽默感。教会孩子幽默，也就教会了他快乐的本领和与人相处的能力。

创建幽默的家庭氛围

幽默感有先天的成分，不过后天的培养更加重要，家庭环境会潜移默化地影响孩子。家长平时跟孩子的相处，不仅影响孩子的性格养成，也包括幽默感的培养。如果家长本身没有一点幽默感，却老埋怨自己的孩子不幽默，也是会令人笑话的。

一天早餐，妈妈跟儿子聊天，提及儿子在小学三年纪时，曾因长时间迷上玩电子游戏，视力一度降到4.8的事。这时，妈妈用气愤的口气说："其实，那时候我真该把电脑给砸了！"儿子饶有兴趣地问："你用什么砸啊？"妈妈认真地说："用你最爱吃的面包砸。"

孩子的幽默感来自父母。父母的幽默，能起到说教无法比拟的作用，能潜移默化地影响孩子成为一个乐观的人，增加他在人际交往中受欢迎的指数。

多给孩子讲一些幽默故事

在家庭生活中，父母可以经常给孩子讲一些幽默故事，让孩子在不断的熏陶中逐渐培养起幽默感，孩子听多了幽默故事，自然能够模仿、吸收幽默故事中的幽默因素，也会逐渐变得幽默起来。

有位父亲常常给儿子讲一些有趣的故事。一天，妻子因单位加班，夜里很晚才回来。妻子问儿子几点睡的，父亲说："晚上九点就睡了。睡前我给他讲了一个笑话：馒头和面条打仗，馒头被面条狠狠地打了一顿，打得遍体鳞伤。馒头心想，有朝一日，我一定要报仇。一天馒头看见方便面了，不分青红皂白地把方便面一顿痛打，方便面带着哭腔说，我俩无冤无仇，你干吗要打我呀？馒头气呼呼地说，你以为你烫了发，我就不认识你了？"

妻子听到这儿，哈哈大笑，把儿子笑醒了。只见他穿着内裤从自己的房间跑来，于是逗儿子说："臭小子，你以为你不穿外衣我就不认识你了？"儿子睁着睡意蒙眬的眼睛，看着刚涂上面膜的妈妈说："您以为您涂了面膜我就不认识您了吗？”

事实确实如此，常给孩子听一些轻松幽默的小故事或相声小品，不仅可以使孩子心情轻松愉快，而且无形中会形成孩子风趣的语言风格。

告诉孩子莫用幽默伤人

现实中，幽默感有时也会被用在欺侮和侵犯等行为上。帮助孩子区别敌意的和非敌意的幽默，有助于培养他的容忍力和尊重他人的品质。家长有必要让孩子了解一点，幽默可以和打、踢一样伤人，甚至更加厉害。别人的种族宗教信仰、伦理观以及身体残疾等，是不能取笑的。如果孩子开了这方面的玩笑，不仅不应该鼓励，还应该借机和他一起讨论偏见、歧视和诿过于人的问题。帮助孩子了解自己的愤怒情绪和霸道心理的源头，一定要让孩子学会尊重他人的感情。

让孩子享受分享的快乐

所谓分享，就是指个体与别人共同享受欢乐、幸福、好处等。它是与独占和争抢行为相对立的，不仅包括对物质和金钱等有形东西的分享，还包括对思想、情绪、情感等精神产品的分享，甚至还有对义务和责任的分担。分享是人在社会交往中的需要获得的一种意识、一种能力、一种品质，也是每个人需要具备的一种美德。

分享是一种美德，更是一种快乐。萧伯纳曾经说过：“你有一个苹果，我有一个苹果，彼此交换，每个人只有一个苹果。你有一种思想，我有一种思想，彼此交换，每个人就有了两种思想。”分享是人生的一种乐趣。生命中总有很多东西是需要有人来一同分享的。只有学会分享，才能得到快乐；只有学会分享，才能得到幸福。所以，从小培养孩子学会与他人分享的意识是很重要的。

学会分享是孩子成长发展中的一个重要的里程碑。然而，现在的孩子大多是独生子女，在家庭中拥有相对特殊的地位。从小在相对封闭的、受到严密保护的环境中成长，缺乏对他人的关心和尊重，无形中形成了自私、专横、独占等不良的情感。他们习惯了家长的呵护，往往以自我为中心，不知道如何去关心别人，体会不到与人分享的快乐。显然，分享不是一件易事，因为孩子的分享行为并非天生，而是通过后天的教育和引导逐渐形成的。正因如此，在孩子的成长过程中，家长有义不容辞的责任培养孩子的分享品质。

悠悠最爱吃大虾。每当家里做虾的时候，爷爷总是习惯性地把一盘子虾放在她的跟前。时间久了，悠悠就自认为那盘虾是为她一个人准备的，竟然把盘子放到了自己的眼皮底下，并且不让别人动。

妈妈将这一切看在眼里，就假装对女儿说："那个虾肯定很难吃，是吧？"悠悠一听，着急了，"不是的，很好吃。"

妈妈摇摇头说："我们都不相信啊。我们又没有吃，肯定很难吃。"

悠悠连忙把盘子推到大家面前，说："你们都尝尝看，很好吃的。"

看到全家人都吃了后，悠悠就问："很好吃是不是？"

这时候，妈妈就告诉女儿："好东西要大家一起分享，才能知道好吃还是不好吃，是不是？"

悠悠点了点头，主动把盘子推到桌子中间，让大家一起吃。

全家人都纷纷竖起大拇指说："悠悠真是个懂事的孩子！"

后来，悠悠吃饭的时候，再也没有发生过把菜盘抢走的事情了。

家长对孩子的爱无可厚非，但这种爱如果不予以正确的引导，会导致孩子认为好的东西都理所当然地属于自己，同时容易产生自私的心理。因此，让孩子学会分享并体验分享的快乐，是培养孩子良好的道德素质的关键。

分享是孩子获取快乐的途径。一个乐于分享的孩子，很自然地能够交到更多的朋友，更加受欢迎。孩子可以从分享中真切感受到分享带来的快乐，这对他们正确理解分享以及将来形成健全人格都具有十分重要的意义。

曾经有个男孩子对老师说："我不快乐！虽然我家有两个保姆，以及上百本图书和数不清的玩具。可是，我就是不快乐！"

于是老师就问他："你把这些书分给没有书的小伙伴看过吗？"

"没有。"

"那你把那些玩具分给别人玩过吗？"

"也没有。"

"你的压岁钱用来帮助过有困难的同学吗？"

"更没有了。"

"所以你不快乐！"老师这样对他说，"如果你能把这些东西拿出来和别的伙伴分享，快乐自然就会来到你的身边！"

这次谈话后，当孩子了解到贫困地区有许多爱学习的孩子没钱买课外书时，他真的很吃惊，就和妈妈一起捐出一万块钱，帮助五所农村小学建立"手拉手"书屋。

几个月之后，男孩真的收到了上百封农村孩子的来信，在这些信中，农村孩子对城市男孩表达了最朴实的感谢，说他们从来没有看到过那么多的书，还说那些书让他们产生了许许多多美丽的梦想，给他们带来了不曾有过的快乐，更说他们一定会好好读书……

男孩被感动了！他忽然觉得，自己是多么重要，自己的那些书是多么神奇！

慢慢地，男孩变得快乐了！他还和妈妈商量好，每年都要省下一些钱来捐书，送给山里的孩子。第二年，他又捐了1000册书……

让孩子学会分享，体会分享的快乐是孩子成长道路上不可或缺的。在分享中，孩子会找到更多的知己和伙伴，也会帮孩子无形地建立很好的人际基础。

学会分享是孩子社会化发展的一个重要内容，直接影响着孩子将来能否很好地在社会上立足。孩子从小就有分享的意识，经常有分享的行为，体会到分享带来的快乐和满足，看到分享给别人带来的愉悦，孩子慢慢地就能理解分享的真正含义，学会发自内心的分享，成为一个乐于分享、习惯分享的人。

给孩子分享的实践机会

一位妈妈在孩子的生日聚会上做了一个特别的安排，送在场同学每人一张孩子们共同偶像的最新歌曲专辑，现场顿时一片欢呼，这位聪明的妈妈意思是，每个好友一份，这样在孩子们念书累的时候可以听到同样的音乐，有同样的心情，这样孩子们的感情更加亲近。这位聪明的妈妈不但让孩子永远记住这个特别的聚会，更重要的是，她教导了孩子如何分享快乐。

在生活中，父母应该多为孩子创造、提供与同伴分享物品的机会，让孩子在实践中学会分享。家长可以利用节假日、过生日等机会，让孩子与同伴一起玩耍，并鼓励孩子拿出自己心爱的玩具，让他体验与别人一起玩自己的玩具的快乐。事后，父母可以告诉孩子玩得高兴的原因：在于和同伴一起分享了他的快乐。如果你愿意与别人分享你的快乐，以后你与同伴玩时，他们会乐意和你一起分享他们的快乐。

让孩子明白分享不是失去而是互利

孩子的分享行为不是自发形成的，需要引导、启发、教育。父母必须在日常生活中有意识地引导孩子，告诉孩子该怎样做。

吴迪的班级开设了“图书角”，老师号召同学把自己的书拿出来和同学们交换阅读，分享图书资源。可是放学回家后，吴迪却一脸的不高兴。爸爸问他为什么，他说他看到有个同学拿了一本《格林童话》，他很想看，可他又怕交换图书后，同学将他的书弄坏，所以就没有换到。爸爸知道原因后，和蔼地对吴迪说：“交换的图书是不会损坏的，几天后就换回来了，即使损坏了也没关系，可以再买。但是自己不付出，不与他人分享，自己也得不到分享的乐趣。”在爸爸的鼓励下，吴迪决定明天就把自己的《小王子》拿去交换，换他喜欢的图书。第二天放学后，吴迪高高兴兴地把他喜欢的图书换回来了。

许多孩子都不愿意与人分享自己的东西，但是，他却希望能够分享他人的东西。父母应该充分了解孩子希望获得他人东西的心理特征，通过移情训练，让孩子站在他人的角度去思考问题，引导孩子与他人分享自己的东西。同时，父母还应该让孩子体会到分享的快乐，使孩子明白分享并不等于失掉自己拥有的东西，从而让孩子自愿与他人分享，并且给孩子创造与人分享的机会。

当孩子在感受到真实的分享时，别忘了鼓励和夸奖，以巩固、强化孩子的良好行为。对孩子每个慷慨举动都要表扬，得到表扬后，孩子会更加投入。因此，在孩子有分享表现时，要多多进行肯定和鼓励。

引导孩子的分享行为

现实生活中，有很多孩子吃独食，不愿与他人分享，这与父母的溺爱是密切相关的。很多父母出于对孩子的爱，把好吃的、好玩的全让给孩子，孩子偶尔想让父母分享，父母在感动之余，却常常说：“我们不吃，你自己吃吧。”长此下去就强化了孩子的独享意识，他们理所当然地把好吃的、好玩的据为己有。

小易五岁了，父母对他爱护备至。虽然家里并不富裕，但他们总是在力所能及的情况下给小易最好的生活。为了节省开支，他们总是去批发市场买水果，因为便宜一点，就可以多买一些回家慢慢吃。这一次，爸爸又买了一箱橘子，这是小易最爱吃的水果。每次吃完饭，父母就让小易帮忙从箱子里拿出橘子来，分给家人一起吃。这一天，小易从箱子里拿出了最后一个橘子，他在箱子里翻了又翻，发现箱子里没有了。这时候，小易看了看爸爸说“只有这一个了”，又看了看妈妈说“没有了”，他没有要把橘子分给爸爸或者妈妈吃的意思。爸爸妈妈看出来了他的意思是“只有一个橘子了，难道你们还要吃吗”？他们互相对望了一下，然后很坚决地告诉小易：“来，我们把这个橘子分成三份。”分好了三份，他们毫不犹豫地享受起自己的那份。但是他们分明看到小易眼睛里面噙满了泪水，他似乎觉得很委屈，爸爸妈妈那么爱我，却为什么不把最后一个橘子让给我吃？

孩子的分享行为不是自发生成的，家长必须在日常生活中引导孩子怎样做。如：吃东西时，有意识地引导孩子将食物分发给大人，告诉孩子好吃的要和大家分享，还可以尝试着让孩子把好的、大的先给别人吃，而大人在欣然接受孩子给你的东西时，别忘了说声“谢谢”，让孩子感受到分享的乐趣，同时也在无形中让孩子学习了礼貌待人。

培养孩子的沟通能力

沟通能力是现代社会中必不可少的一项能力。它不但能够化解不同人的冲突，创造和谐的人际关系，还能够让人们在沟通的过程中，情感得到舒解，思想得到交流。因为真诚、有效的沟通，使误会消除了、怨恨淡化了、忧愁消散了、无谓的争执避免了、快乐与人分享了，所以说，沟通能力架起了人际交往的桥梁！

沟通是人与人之间彼此了解的最好方式。从小培养孩子与人沟通的意识，强增孩子与人沟通的能力，对孩子性格的塑造、人格的培养乃至将来的发展都有着非常重要的作用。但在有些家庭中，父母只关注孩子的学习成绩，孩子不懂得如何正确表达自己，不理解父母，同时孩子非常缺乏待人处世的能力，见人不会说话，与老师、同学也常会产生矛盾，这会影响孩子的学习效果与个性的发展，这也是近年来儿童心理问题逐年增多的原因之一。

李佳明是一个学校成绩非常好的孩子，高中毕业的时候，以当地高考状元的身份考入了一所著名的理工大学。在大学里，他刻苦学习，学习成绩优异，本科毕业后又保送上了研究生。

在大学期间，他一直努力学习，每天就是在宿舍、教室之间往来。在读研究生之后，指导教授看到他基础知识扎实又踏实肯干，就让他参与自己的一些研究项目。为了完成这些项目，他需要经常走出校门，到外面的实验室里去做实验。

有一天，指导教授突然接到一个电话，是从李佳明所在的实验室里打来的。电话里，一位研究人员对他说：“你们为什么要派李佳明来呢？”

指导教授感到很惊讶：“因为他是我们这里成绩最好的学生啊！”

那位研究员也很惊讶：“是吗？可是我们一点都看不出来，只觉得这个人很孤傲，很难相处。”

原来，李佳明虽然有着出众的专业知识，但因为从小就钻在书堆里一心苦读，连与别人相处的基本常识都没有。在实验室里，大家都期待他能够把自己的知识贡献出来，帮着大家把实验做好，可是李佳明的性格很孤僻，不善于合作，每天一到实验室，就一个人围着设备转了起来，也不和别人说话。大家在一旁看着，不知道他在忙什么，想问他，看到他很专心的样子又不好打扰。

一连几天过去了，大家都不知道这个高才生在搞什么名堂，不知道该怎样与他交流，只好给他的指导教授打电话，要求调换一个沟通能力强的人来参与这个项目。

很显然，在具备了一定的专业知识和技能之后，良好地与人相处，广泛地与人交流，密切地与人合作，则是获得成功的重要前提。

沟通决定着一个人人际关系的好坏，甚至影响着一生的得失成败。孩子是否善于与人沟通，是家庭教育中社会化过程成功与否的重要标志，也是孩子未来是否能够把握机遇、收获幸福的关键。懂得沟通，可以让孩子交到更多的朋友，获得更多的信任与尊重；学会沟通，能教会孩子理解他人、体恤他人，也会让孩子变得更加懂事；善于沟通，可以让孩子为自己创造一个温馨、和谐、友好的成长环境。

沟通，是认识他人、了解社会的桥梁，也是展示自己、表现自己的窗口。沟通能力不是天生的，优秀的沟通能力都是从小培养出来的。让孩子领会沟通的必要，理解沟通的技巧，是父母的职责。培养的孩子沟通能力，就等于帮助孩子搭起了融入社会、融入时代，步入人生、步入成功的桥梁。

为孩子创造一种家庭沟通的氛围

家庭沟通是孩子沟通的基础，主要是孩子与父母的沟通。要实现与孩子的良性沟通，关键在于父母。父母应该努力为孩子创造一种家庭沟通的氛围，比如每天或每周规定与孩子交谈的时间，或在晚饭后的“小议”，或在周末的“相约”。注意寻找孩子感兴趣的话题，认真聆听孩子内心深处的声音。要真正走到孩子的心里，哪怕父母对孩子谈话的内容不感兴趣，也要认真听，让孩子感到自己受到了尊重。只有这样，孩子才愿意与父母沟通。孩子与父母建立了良好的沟通关系，同时也为其上学后与老师和同学进行积极沟通打下了基础。

给孩子提供沟通的机会

生活中，家长要鼓励孩子多参加集体活动。兴趣小组、公益活动、旅游、团体性的体育锻炼，都是促进孩子与别人沟通的好途径。家长也可以邀请一些孩子到自己家里来玩，家长还可以带孩子去有孩子的朋友、亲戚家串门。鼓励孩子学会与长辈熟人打招呼，得到别人的赞许和表扬，提高孩子与别人交往的能力。这样孩子的沟通能力一定会有很大的提高与发展。

教孩子沟通的技巧

某校发生了这样一件不愉快的事情：一个班级的男生正在操场上认真练习跳高。孩子们都跳过了规定的高度，但有一个长得较矮胖的同学连跳两次没有跳过，第三次因为心里紧张，不但没有跳过，还跌倒了。同学们看到他的怪动作，虽引起一阵哄笑，仍有不少同学上前热情地将他扶起。可此时一个调皮的同学却冲着他说：没用的家伙，还是请你爸来帮你跳吧。跌倒的同学自尊心受到极大伤害，顿时脸色通红，火冒三丈，即要动武，幸被大家劝住。

为了避免这样的情况发生，家长要指导孩子学会一些沟通交往的技能和本领，如待人、接物、礼仪、谦让、谈吐、举止的规范；正确处理与伙伴间的关系，友好地与同伴交谈，用别人喜欢的名称招呼他人；赞扬他人要诚心诚意，批评他人时要亲切诚恳等，让孩子认识到，人与人之间是平等的，在交往中需要的是尊重和理解。

鼓励孩子广交朋友

交朋友，是孩子认识社会、驱除孤独的需要。一个孩子如果不会交朋友，那么这个孩子就会变得很孤独，就很难与人沟通，很难适应社会。所以，作为孩子的父母，在孩子没有朋友时，应主动地帮孩子找朋友玩。如果孩子的朋友比较多时，还要鼓励孩子与小朋友处好关系，加强孩子与各位朋友的沟通意识。

教导孩子乐于助人

助人为乐，是中华民族的传统美德，也是当今社会值得提倡的道德风尚。人的本质是爱的相互存在，人的生活是与他人的相互交往构成的。乐于助人，就是要求人们善于理解他人的处境、他人的情感和需要随时准备从道义上去支持别人，从行动上去关心帮助别人。一个懂得帮助他人的人，才能得到更多人的帮助，才会有更多的朋友，才能获得更多的机会，也才能取得更多的成功，因此，父母要积极培养孩子帮助他人的好品格，鼓励、尊重孩子去帮助他人。

但遗憾的是，现在的很多孩子在家里都是处于一种随时被照顾的地位，这就减少了他们去关心、照顾别人的机会，有的甚至看起来很少想到别人，除非是他们需要别人帮助的时候。这一切看起来是自然而然形成的，可是，这些却非常不利于孩子的成长，不利于孩子形成优良的品格，不利于孩子长大后进入社会和人相处，它甚至会妨碍到孩子的学习以及事业上的成功。所以，父母一定要培养孩子乐于助人的好习惯，因为这不只是帮助别人，同时也是在帮助自己的孩子健全性格。

助人为乐是一个人思想境界的行为体现，是一种精神的升华。对孩子来说，从小在他们心灵中播下关心他人、助人为乐的种子，是发展孩子的健康心理，培养开朗、宽厚、善良性格的重要基础。一个乐于助人的孩子，能够不断收获到他人的支持、帮助。

给他人力所能及的帮助，是一种美德，也能从中收获到快乐。当别人遇到困难的时候，在自己能力范围内，主动去帮助别人，这个过程既可以让孩子之间建立良好的友谊，又可以让孩子体会到成就感，让孩子成为受欢迎的人，这将大大鼓励孩子的信心，更乐意去与人交往。因此，培养孩子乐于助人的精神是教育中的一个重要课题。

让孩子体验助人的快乐

通过各种形式使孩子关心和热爱自己的父母、周围的人，对别人抱有同情心。如果孩子单方面地接受了爱，久而久之会形成以自我为中心的性格，自私而任性。爱不是单向的，而应该是双向的，不仅父母爱孩子，还要培养孩子从小爱父母、爱别人，使孩子心地善良，从心灵深处去关心别人。要让孩子感悟到：助人为快乐之本，多做一些对别人有帮助的事情，常常会觉得犹如拨云见日般的豁然开朗。

曾经有一个小女孩，长期居住在奶奶家，缺少父母的爱，环境使她较冷漠，只知道保护自己，不关心别人。当她回到妈妈身边时，妈妈发现了这些缺点，并想要她学会关心他人，而她认为“只要我不做坏事就好了”。有一次，邻家的小朋友丢了心爱的玩具，走在路上的她正好看到了，结果却无视地走了过去。聪明的妈妈利用了这个机会想教育一下孩子，于是要求孩子拿起玩具送回了小朋友家，结果可想而知，小女孩受到了对方的感激和表扬，为此孩子突然明白了一个道理：只是一次举手之劳，却能给别人带来方便，人人都应该学会帮助别人，于自己也是快乐的。

生活中，家长要让孩子明白“助人为乐”这四个字蕴含着人世间最真最美的意义。“助人”为什么会快乐呢？因为可以从帮助别人的过程中发现自己的生存价值。由于你的帮助和付出，使别人的困难得到解决，把别人的不方便变成了方便，这是一种成功的体验。当孩子懂得这些道理之后，就会主动帮助别人。

鼓励孩子助人为乐的行为

对于孩子助人为乐的行为给予肯定和支持，鼓励孩子，培养孩子的思想道德品质，并和孩子一起分享帮助他人的快乐。

有一个下雨天，爸爸去接儿子放学，碰见一个小同学没打雨伞，在雨中淋着。于是爸爸对儿子说："你看，这个同学没带雨伞，如果是你，此时你最希望怎样？"儿子想了想二话没说跑过去，和这个小同学一起打雨伞往前走去。过了一会儿，这个同学的妈妈来接他。看到孩子没淋在雨中，非常感谢地和男孩打招呼："你们是一个班的吗？"她的孩子带有感激地抢先回答说："不是，我们不认识。"他的妈妈对男孩说："谢谢你！小朋友。"同时，对乐于助人的父子俩报以感激的一笑。回家后，爸爸问孩子："今天做了件好事，感觉如何？"儿子认真地说："我很快乐！我以后在别人需要帮助时，还要继续去做。"

当孩子喜欢帮助人时，做父母的应及时给予肯定、支持和鼓励，如扶残疾人或老人过马路；主动让座给需要的人；帮助生活困难的同学等，家长对孩子的这些行动，都要给予鼓励，使孩子把助人为乐、爱做好事的行动坚持下去，以培养孩子的美德。

为孩子树立助人为乐的榜样

孩子的许多行为都是从模仿父母而来的，因此，如果父母希望自己的孩子拥有仁爱的好品质，那么就必须从现在开始，有意识地做他的榜样，让他从模仿中学会奉献爱心。

在一家杂货店里，一位女士带着儿子在选购罐头。不巧，一位老年顾客的皮包掉了下来，零钱撒在了地上。这位女士马上停止选购，弯下身去帮这位老人捡零钱。儿子看到妈妈的举动后，也主动过去帮忙。

任何一种优秀品质，都离不开家庭氛围的熏陶。一个乐于助人的家长，能够时刻熏陶自己的孩子。所以在日常生活中，家长遇到邻居、朋友甚至是陌生人有困难的时候，要及时伸出援助之手，给孩子树立一个好榜样，身教胜于言教。家长的言行，时刻影响着孩子的观念和行为，时日一久，孩子在遇到人需要帮助时，也会热情相助。

让孩子从小懂得为他人着想

放学的时间到了，外面突然下起了倾盆大雨，大部分孩子都早早地回家了，教室里只剩下于洋一个人。过了没多久，教室门口出现了于洋爸爸的身影，于洋却没有像往常一样蹦蹦跳跳地跑到爸爸身边，而是自顾自地噘着小嘴。爸爸耐心地向于洋解释："于洋，真是对不起啊，突然下雨了，爸爸回去拿雨伞，所以来得有点晚……"还没等爸爸说完，于洋就发起了脾气："你不会看天的吗？晚来接我就是你的不对，其他人的爸爸妈妈怎么不晚来呢？"望着被雨淋得浑身湿透的爸爸，于洋有的只是抱怨，一点都没有心疼前来接他的爸爸。

现实生活中，类似上面事例的情形并不少见。现在有些父母对孩子宠爱有加，久而久之，就养成了孩子一切以我为中心的习惯，只为自己考虑，很少考虑家人或者别人的需求，自私似乎成了一些孩子性格的代名词。孩子的这种自私行为将影响到他的人际交往，因为这些孩子不能善解人意，不爱关心别人，不愿帮助别人，不会与他人合作，很难给人留下好印象，更难受到人们的欢迎。长大以后他往往会刚愎自用，无法处理好人际关系，甚至产生社交恐惧症。所以，家长在日常生活中应当帮助孩子摆脱以自我为中心的观点，让孩子学会换位思考，替他人着想，从小养成为他人着想的习惯。

教育家卡尔威特回忆父亲时讲述了这样的一段故事：

有一次，叔叔一家要去波尼那河做一次沿河旅行，他们也请我参加。那一天，父亲要去参加一个会议，当我们要出发时，母亲的胃病却犯了。为了让我们能安心出门，母亲尽力装着没事的样子，但父亲却看出了母亲的不对劲儿。当时我只顾着自己高兴，根本没注意到母亲的异样。父亲叫我留下来照料母亲，但我好不容易才得到这样一个机会，当然不想放弃。父亲生气地说："你不能把生病的妈妈一个人丢在家里，你必须在家里陪妈妈。"我听了大哭，叫道："明明是你不让我去，生病的人怎么能笑得出来，刚才妈妈不是笑着叫我好好去玩吗？"父亲质问道："你难道真的看不出妈妈病得有多严重？她装出快乐健康的样子就是害怕你会担心她，不能安心地出去玩。你真的忍心把这样爱你的妈妈一个人丢在家里吗？"我终于恍然大悟，怪不得妈妈从早上起来就脸色苍白，不吃饭，她还说自己没有什么胃口，这一切都是因为她生病了呀！我难过地说："爸爸，你说得没错，妈妈确实病了。可是，我真的没有看出来。"

父亲说："卡尔，你不能只在口头上说爱妈妈，而是要在实际行动中表现出来。你要像妈妈爱你一样去爱她，从妈妈的眼神、说话的语气和一些行动中去感受妈妈的需要，去爱她、帮助她。"

父亲的话让我想到，我生病时，妈妈整日整夜地照顾我，我有什么不高兴，我不说，妈妈也会知道。但妈妈病了，我却不知道，我真是太自私了。我觉得很惭愧，忙跟父亲道歉。

父亲说："懂得改过就是好孩子，现在你打算怎么做呢？"

"我不去旅行了。我在家陪妈妈、照顾她，陪她去看医生、吃药、打针，陪她说话解闷。等你回来时，妈妈的病一定全好了。"我回答道。

"那我就把妈妈交给你了。"父亲说完就出门了。

就这样，通过日常生活中的小事，并在父亲的教育下，我懂得了怎样去体贴别人。

生活中，当我们面对某一问题时，如果仅仅只是从自己的利益得失出发去考虑，而置别人于不顾，往往就会失之偏颇，甚至伤害他人。孔子说过“己所不欲，勿施于人”，意思是说不要把自己不喜欢的事情强加给别人，而是要设身处地地为别人着想，也就是要多为别人着想。

为他人着想，就是要学会换位思考，站在他人的立场上体验和思考问题，设身处地为他人着想，把自己放在他人的位置上思考，真切地感受别人的痛苦和困惑。孩子一旦学会了换位思考、体谅别人、替他人着想，不仅可以更了解别人，赢得友谊，还能更好地与他人沟通。可以说，换位思考、替他人着想是孩子化解矛盾、赢得友谊与尊重的法宝。

学会为他人着想是一种道德的体现，特别是在现在的社会，为他人着想也代表合作与发展，很难想象，一个不会为他人着想的孩子长大以后，别人会理解和支持他。所以，家长要教育孩子学会为他人着想，关心他人，这样才能最大限度地减少人与人之间的矛盾冲突，使每个人都能生活在关爱与幸福之中，真切地感受到大家庭的温暖。

为孩子营造换位思考的环境

一天，菁菁的妈妈下班回来后非常生气地说：“这个小刘真是岂有此理！今天公司查账，发现了一个问题，原来她把前面的一个数据弄错了，害得我也跟着错了，结果我们两个一起受到单位的通报处罚，罚了我一个月的奖金呢。”

菁菁虽然不明白是怎么回事，但从妈妈的表情中她知道妈妈受了委屈，不禁也暗暗埋怨起妈妈口中的小刘，还小声嘟囔道：“我再也不到刘阿姨家玩了。”

菁菁的爸爸看到这种情况，坐在妈妈的身边安慰道："你先消消气，小刘罚了多少？"

"两个月的奖金。"

"看来小刘比你惨多了。小刘比你工作时间短吧？"

"是啊，她来单位才半年，我干了三年多了。"

"那你是她的'前辈'，是领导喽。"

"对，我一直带着她干。"此时，妈妈脸上露出一丝得意。

"那么，小刘犯一点错误也是应该理解的，谁不会犯错呢？况且她损失了两个月的奖金，心里更不好受。你作为她的领导应该替她着想，虽然主要责任在她，但你这个领导也是监督不力啊。"爸爸小心地说。

妈妈沉默了一会儿说："也对呀！下班的时候，我看小刘都哭了，我得给她打个电话。"

在电话里，妈妈安慰了小刘很长时间。放下电话，妈妈高兴起来。

这一幕菁菁都看在了眼里，等妈妈打完电话，她不禁关心地问妈妈："妈妈，刘阿姨还伤心吗？"

如果父母自己不会设身处地地为他人着想，那么孩子的同理心是无法建立的。作为家长，如果希望你的孩子懂得换位思考，替他人着想，就应该给孩子营造一个换位思考的环境，孩子就能从中受到启发与感染。

站在孩子的立场考虑问题

生活中，很多家人责怪孩子不懂得为他人着想，其实有些时候，家长也没有站在孩子的立场考虑问题，所以造成了沟通的障碍。美国教育家塞勒·赛维若说过这样一句话："每个人观察、认识问题，都会有自己的视角和立足点。身份、地位不同，所得出的结论就不同。父母与子女间的年龄悬殊、身份各异是影响相互沟通的重要原因。若父母能站在孩子的立场上思考，一切将迎刃而解。"的确如此，对于父母来说，要想逾越和孩子之间的鸿沟就必须学会站在孩子的角度去考虑问题，理解孩子的真实想法，与孩子产生情感上的共鸣。如果家长能够理解孩子，孩子自然也会理解家长，学会为他人着想。

期末考试结束了，袁瑛取得了全班第一的好成绩，她回家后把这个喜讯告诉了妈妈。偏偏这天妈妈正为工作上的事情烦恼，又在厨房忙着做饭，所以根本没有心情分享女儿的喜讯，而是说："去去去，一边待着去，别来烦我！"

听了妈妈的话，袁瑛的心情糟糕透了，她默默地走进自己的房间。

爸爸下班回来后，看到女儿闷闷不乐，就问："怎么啦，我的小公主。"

袁瑛将事情的原委告诉了爸爸。爸爸拉着她的小手，说："你妈妈真是太不像话了，工作不顺心很正常嘛，干吗要对我们的女儿乱发脾气，咱们也不理她……"

爸爸还想说什么，这时女儿答话了："爸爸，我知道妈妈心情不好，她也是在为咱们的生活着想。"

爸爸听了这话，开心地笑着说："女儿真懂事。其实妈妈挺不容易的，咱们是不是该让她三分。"女儿点点头。

爸爸接着说："她是你妈妈，是长辈，你是不是应该尊她三分。"女儿又一次点头。

爸爸又说："她一直为咱们全家做饭、洗衣服，可辛苦了，是不是该敬她三分。"女儿再一次点头。

说到这里，爸爸看着女儿："如果妈妈向你道歉，你是不是能原谅她呢？"这时在门外站了很久的妈妈进来了，她诚恳地向孩子说"对不起"。

事例中的这位爸爸是睿智的，他从女儿的角度出发，考虑到女儿的感受，自然与女儿的沟通就比较顺利，同时也让女儿学会了站在别人的立场考虑问题，理解妈妈的不容易。所以，如果家长想让自己的孩子懂得为他人着想，一定要首先学会站在孩子的角度考虑问题。

引导孩子多为他人着想

叶圣陶先生很重视教育子女。他反复告诫儿女们：人是生活在社会中间的，在自己以外，更有他人，要时时处处为他人着想。有一次，他让儿子递给他一支笔，儿子随手递过去，不小心把笔头方向冲着父亲的手。父亲就对儿子说："递一样东西给人家，要想着人家接到手里方便不方便。你把笔头递过去，人家还要把它倒转。倘若没有笔帽，还要弄人家一手墨水。刀、剪一类物品更是这样，绝不可以拿刀口、刀尖对着人家。"冬天，儿子走出屋子没把门带上，父亲就在背后说："怕把尾巴夹着吗？"次数一多，不必再用这么长的句子，父亲只喊："尾巴，尾巴！"就这样，渐渐养成了儿子冷天进出随手关门的习惯。另外，父亲还告诫子女开关房门要想到屋里还有别人，不可以"砰"的一声把门推开或带上，要轻轻地开关，这样才不会影响到别人。

生活中，我们总会直接或间接地影响到别人的生活，反之，别人也影响到我们。懂得生活，懂得为别人着想，人与人之间才会融洽相处，快乐地生活。所以，父母要引导孩子为他人着想，顾忌别人的感受。在遇到涉及自己和他人之间关系的事情时，应反复让孩子明白要时时、处处、事事学会换位思考，多为他人着想。

第五章

给心灵洗个澡，让孩子的内心变得更强大

人生需要力量，力量源于心灵。孩子的成长不仅是身体和智力发育完善的结果，更是心灵塑造的复杂过程。为激活孩子内心动力，唤醒内心沉睡的巨人，家长要及时地为孩子的心灵修枝剪叶、浇水施肥，让孩子拥有一颗强大的心灵，长成最好的自己。

纠正孩子自卑的性格弱点

所谓自卑是指一个人严重缺乏自信，他们常常认为自己在某些方面甚至各个方面都不如别人，常用自己的短处和别人的长处相比，具体体现在遇事不相信自己的能力，办起事来爱前思后想，总怕把事情办错被人讥笑，且缺乏毅力，遇到困难畏缩不前。说得直接一点，也就是自我评价过低，自己瞧不起自己。在充满竞争的现代社会中，一个自卑而缺乏信心的人是很难获得最后成功的，甚至一起步就面临被淘汰的命运。

自卑性格的形成往往源于儿童时代。一个人小的时候，正是性格和信念发展的重要时期，也是一个人学习知识、掌握本领的重要时期。此时如果产生了自卑感，不相信自己的能力，整日用一种消极和自卑的情绪去生活，那么他们的自我暗示就会接收这种缺乏信心的信息，从此一蹶不振，引发出人际关系障碍和许多行为上的困扰，妨碍学习、生活和人际交往的正常进行。这对于孩子的成长是十分不利的。

自卑是一种人格上的缺陷，一种失去平衡的行为状态。自卑使人变得十分敏感，禁不起任何刺激。一个孩子如果被自卑心理所笼罩，其身心发展及交往能力将受到严重的束缚，聪明才智也得不到正常的发挥。这对于孩子的成长是十分不利的。

10岁的小婷是小学四年级的学生，从外地转学来到这里上学，由于她自尊心特别强，觉得自己相貌平平，认为老师和同学不喜欢她；来的新环境学习成绩一时不好，认为老师讨厌她；上体育课她跑得不快，某一天穿衣服不好看，她都自卑。

总之，小婷为自己的一切事情自卑，所以，她不喜欢说话，不喜欢交往，逃避老师的关心，上课总在回避老师的目光，不自觉地思想就开了小差。

回到家里，她常常对着作业发呆，妈妈对小婷这种情况也无能为力，只能默默地在心里替她着急。

上面的例子，虽然不普遍，但在一部分孩子身上存在。这类孩子往往比较自卑，常常以消极的态度评价自己，认为自己不如别人。如果这种自卑心理得不到及时纠正和关注，会形成孩子的心理障碍，影响孩子的健康成长。因此，父母应关注自己的孩子有没有自卑心理，一旦发现，须尽早帮助其克服和纠正，以免形成自卑性格。

教孩子扬长避短

父母要帮助自卑的孩子发现他的长处，肯定他的成绩，并且让优点长处进一步放大。因为一个孩子学会客观地评价自己和他人，与其他人进行正确的比较，才有助于肯定自己，才可能克服自卑感。

有这样一个故事：

有一个农夫整天埋怨自己的命运不好，一辈子都是农夫，被别人看不起，他感觉自己的地位很卑微。有一天，他弓着腰在院子里清除青草，因为天气很热，所以他脸上不停地冒汗，汗珠一滴滴地流了下来。“可恶的青草，假如没有这些青草，我的院子一定很漂亮，为什么要有这些讨厌的青草来破坏我的院子呢？”农夫这样嘀咕着。有一棵刚被拔起的小草，正躺在院子里，它回答农夫说：“你说我们可恶，也许你从来就没有想到过，我们也是很有用的。现在，请你听我说几句吧。我们把根伸进土中，等于是在耕耘泥土，当你把我们拔掉时，泥土就已经是耕过的了。下雨时，我们防止泥土被雨水冲掉；在干涸的时候，我们能阻止强风刮起沙土；我们是替你守卫院子的卫兵，如果没有我们，你根本就不可能享受赏花的乐趣，因为雨水会冲走你的泥土，狂风会吹走种花的泥土……你在看到花儿盛开时，能不能记起我们青草的好处呢？”

一棵小草并没有因为自己的渺小而自卑，农夫对小草不禁肃然起敬。他擦去额上的汗珠，然后笑了。

这个故事告诉人们，如果能够坦然地、微笑着面对自己生命中的一些缺憾不足，愉悦地接纳自己，充分发挥自己的潜力，同样会带来“柳暗花明又一村”的美景。

俗话说：寸有所长，尺有所短。每个孩子都有一定的长处，也都有他的短处。父母要引导和教育孩子对自己进行积极、正确、客观的评价，并且认识到任何人都具有自己的长处，也都会有短处或不足。要相信并发扬自己的长处，弥补自己的短处。在生活当中，父母还要注意并善于发现孩子的优点和点滴的进步，并不失时机地给予肯定和表扬。孩子认为自己有优点，也能取得一定的成绩，便会增强取得更大更好成绩的信心和希望了。

对孩子多一些赏识，少一些批评

有的孩子之所以变得越来越自卑，一个非常重要的原因就是家长对孩子要求过高，使孩子时时处处被批评与指责。长此以往，孩子每做一件事，他在潜意识中总会对自己做出否定的结论。

对于孩子们来说，由于年龄小，心理还很幼稚，他们心灵最强烈，也是最本质的渴望就是得到别人的赏识，特别是来自父母的鼓励。

有一个10岁的小女孩，非常喜欢弹钢琴，弹奏的乐曲非常优美，她能每天坚持练习好几个小时，从不抱怨苦和累，反而学得有滋有味。另一个孩子的妈妈见此情景，对女孩的自信和努力非常好奇，就问女孩的爸爸：

“你的孩子怎么这么自觉弹琴呀？而且看得出，她是发自内心地喜欢弹钢琴，很享受音乐带来的快乐。”

女孩的爸爸淡淡一笑，说：“我虽然不懂音乐，但是我懂得欣赏我的孩子，每当她练琴的时候，不论好坏，我总是对他说‘孩子，你今天弹得更好了，比昨天进步了’。就这样，我是她最忠实的‘粉丝’。每当看到我陶醉在她弹奏的乐曲中，她总是信心满满地投入到枯燥的钢琴训练中……”

可见，赏识对于成长中的孩子来说是至关重要的。我国教育家陶行知先生曾经说过：“教育孩子的全部秘密在于相信孩子和解放孩子。相信孩子、解放孩子，首先要赏识孩子。”所有孩子心灵深处都渴望得到别人的赏识。孩子从父母欣赏的眼光、赞赏的话语、满意的点头、会意的微笑、热烈的掌声中得到肯定，赏识可以发现孩子的优点和长处，激发孩子的内在动力，增强孩子的自信心。

鼓励孩子进行积极的自我暗示

孩子在生活中难免遇到失败和挫折，而失败的阴影是产生自卑的温床。所以，父母应及时了解孩子的心理变化，鼓励孩子进行积极的自我暗示，帮助孩子及时驱散失败的阴影，这是克服自卑、保持自信的重要手段。

孙老师的女儿孙冉考大学前的第一次模拟考试考得很不理想，孙冉心里很不好受。考完后的孙冉给爸爸打电话的时候是哭着打的，回到家后，孙冉依然挂着泪水，神色黯然。这时，孙老师对女儿说：“没事，你考得不错，你现在这个成绩上大专够了，又不是不上线，没问题。现在离高考还有两个月，只要你努力，是有可能发生奇迹的。”

然后，孙老师让孩子做了一件自我激励的事情。他从复旦大学买了一本报考手册，手册上面印着这样几句话：“相信自己！相信自己的选择！相信自己选择的成功的人生！”孙老师让女儿每天早晨起来在阳台上把这几句话大声地喊三遍。第一天，女儿喊的时候声音非常小，只有她自己一个人听得见。孙老师对她说："你这样是不行的。你这样就是不相信自己，要大声地喊，使劲地喊。"

后来，女儿真的放开嗓子喊了，结果，女儿发现自己的心态非常好，精神抖擞。这种自我激励一直坚持到高考。结果，孙冉高考成绩比第一次模拟考试的成绩提高了100分！

可见，当孩子遇到挫折和失败时，需要以不断的心理上的自我暗示，来获取前进中必不可少的原动力。积极的暗示带给孩子的是积极的认识和体验，能帮助孩子稳定情绪、树立自信心及战胜困难和挫折的勇气，保持积极向上的精神状态。

当孩子感到信心不足时，父母应该鼓励孩子进行积极的自我暗示，把"别紧张，我也行"、"我一定能成功"之类的话写下来，或者大声说出来。也可以在此基础上，让孩子根据自己的实际情况拟订一句鼓舞斗志的话，每天上学之前都念上几遍，在语言暗示后再满怀信心地去上学。

帮助孩子走出忌妒的误区

忌妒是由于别人胜过自己而引起抵触的、消极的情绪体验。当看到别人比自己强时，心里就酸溜溜的不是滋味，于是就产生一种包含着憎恶与羡慕、愤怒与怨恨、猜忌与失望、屈辱与虚荣以及伤心与悲痛的复杂情感，这种情感就是忌妒。忌妒者不能容忍别人超过自己，害怕别人得到自己无法得到的名誉、地位等，在他看来，自己办不到的事别人也不要办成，自己得不到的东西，别人也不要得到。

战国时，张仪和陈轸都投奔到秦惠王门下，受到重用。可不久，张仪便产生了忌妒心，因为他觉得陈轸有才干，比自己强很多，担心时间一长，秦王会冷落自己，偏爱陈轸。于是他就找机会在秦王面前说陈轸的坏话，进谗言。

一天，张仪对秦惠王说："大王时常让陈轸来往于秦国和楚国之间，可现在楚国对秦国的关系态度并不比从前友好，反而对陈轸却特别好。可见，陈轸在全心全意为自己谋利，并不是诚心诚意为我们秦国做事。还听说陈轸把秦国的机密泄露给楚国。作为您的臣子，怎么可以这么做呢？我不愿意同这样的人一起共事。况且最近我又听说他打算离开秦国到楚国去。要是这样，大王倒不如杀掉他。"

听了张仪这番挑拨，秦王自然很恼怒，马上传令陈轸进见。一见面，秦王就对陈轸说："听说你想离开我，准备上哪儿去呢？告诉我，我好为你准备车辆呀！"

陈轸一听，摸不着头脑，只是两眼直盯着秦王。很快他便明白过来，这里面一定有原因，于是镇定地回答："我准备到楚国去。"

秦王心想果然如此。对张仪的话更加相信了，他缓缓地说："那张仪的话并不是虚构了。"

陈轸心里完全清楚了。原来是张仪在捣鬼！他没有马上正面回答秦王的话，而是定了定神，不慌不忙地解释说："这事不仅张仪知道，连过路的人都知道。从前，殷高宗的儿子孝己非常孝敬自己的继母，故而天下人都希望孝己能做自己的儿子；吴国的大夫伍子胥对吴王忠心耿耿，以至天下的君王都希望伍子胥做自己的臣子。所以说，出卖奴仆和小妾，如果左右邻居争着买，这就说明他们是忠实的奴仆、贤良的小妾，因为邻居非常了解他们才争相去买；一个女子，因为同乡的小伙子争着要娶她为妻，这就说明她是个好女子，因为同乡的人比较了解她。反过来如果我忠于大王您，楚王又怎么会要我做他的臣子呢？我忠心一片，却被怀疑，我不去楚国又去哪呢？”

秦王听了，觉得有理，点头称是，不仅不再怀疑陈轸，而且更加重用他，给了他更丰厚的待遇，相反对张仪冷淡了许多。

这是一个很明显的教训，忌妒者无不以害人开始，以害己而告终。

生活中，爱忌妒的人常常会诋毁别人的成绩，还会怨恨自己的无能，心中充满唯恐被别人超越的苦恼，身心备受双重煎熬。忌妒心强的人还会惹是生非，拆人家的台，给人家处处出难题，使绊子。同时也会使人变得消沉，或是充满仇恨，如果一个人心中变得消沉或是充满仇恨，那么他距离成功也就越来越远。

袁志东与李治民是小学的同班同学，袁志东读书勤奋，成绩在班上一直名列前茅，人又乖巧，是老师的宠儿，也是其他同学羡慕的对象；而李治民虽然聪明，但由于他淘气，不爱学习，成绩很一般，又爱惹是生非，所以就常常受到老师和家长的责骂。到了初中，两个人仍在同一个班里。李治民此时开始意识到自己应该用功学习了，也不再淘气，成绩可以说是直线上升，老师也喜欢他，这引起了袁志东的不满。尽管这时袁志东的成绩仍然比李治民的好，可是他觉得一个像李治民这样调皮又懒惰的孩子怎能与他的成绩接近呢？

袁志东于是经常找李治民聊天，借此机会说以前李治民的劣迹，想以此打击他，这些李治民知道但是不在乎，只是一笑了之。李治民的成绩渐渐追上了袁志东，有时与袁志东不相上下。袁志东的心中已经堆成了一座火山，再也按捺不住，就当着李治民的面说：“你算什么？在小学时，你总是在我后面很远，你难道不记得吗？”可是李治民仍然不受刺激，心平气和地对他讲：“那是以前的事，未来才重要。”这使袁志东更加难过，时时想着不要被李治民超过，上课都无法完全集中精力，家庭作业也不像以前那样有计划地做了，看书的时候也会发愣，一想到李治民可能追上自己就觉得恐慌、难受。一段时间下来，在一次小考中，李治民的成绩超过了袁志东，之后袁志东的成绩更是大幅下滑。老师为此找过他谈话，可是谈话并没有让袁志东清醒，而是使他对李治民的不满上升到了“仇恨”的地步。家人追根究底地找袁志东成绩退步的原因，更加深了他的这种仇恨。袁志东认为他的成绩退步、他在同学当中的地位不如以前都是李治民一手造成的，必须将他做掉！忌妒种下的邪恶种子终于在袁志东的心中开花结果。这天袁志东准备了一把小刀，很早地就在李治民上学必经之路等他。当李治民走近时，袁志东抽出刀子向李治民连刺两刀……

李治民因伤到要害部位，抢救无效死亡；而袁志东在案发第二天因涉嫌故意杀人被警方逮捕。

这个故事的悲惨结局是令人痛心的。造成这个悲惨结局的罪魁祸首是谁呢？不言而喻，那便是忌妒。

忌妒是一种原始的情感，是人类心理中动物本能的表现。它是对别人在品德、能力等方面胜过自己而产生的一种不满和怨恨，是一种被扭曲了的情感。如果孩子有了这种不健康的情感，就等于给他们自己的心灵播下了失败的种子。

忌妒是孩子成长过程中一个不容回避的问题，它并不可怕，关键在于如何战胜它。生活中，父母要对孩子的忌妒心理给予关注，平时要细心观察了解，关心他们的心结所在，一旦发现忌妒心态的萌发，就应该及时地加以正确引导、制止和纠正，使孩子能够朝着健康的方向发展，在以后的人生道路上成为真正的强者！

家长要给孩子做好表率

父母是孩子最好的老师，好的育人环境可以影响孩子形成良好的品质。作为家长要学会理解、宽容、接纳他人，凡事不要过分计较，考虑问题能站在别人的角度等，潜移默化中孩子学会的是善良、包容和积极向上的生活态度。反之，在一个满是抱怨、充满忌妒、斤斤计较的家庭里成长起来的孩子，耳濡目染，父母传递给他的更多的是自私自利、算计和仇恨等负面影响。

不要拿孩子与他人比较

家长不要盲目攀比，要正确对待孩子间的差异，不要总拿别人孩子的优点和自己孩子的不足比。无谓的攀比不仅打击了自己孩子的自信心，还容易滋生孩子的忌妒心理。

有一次，琪琪的妈妈跟一位阿姨说，邻家女孩的卷发很可爱，可惜自己女儿的头发却是直的。没想到，第二天，琪琪就要求妈妈带自己去美发厅要把头发烫成卷发！琪琪妈妈一下子就意识到是自己的评价引发了女儿的忌妒心理，从此之后，她再也没有评价过女儿的头发，同时非常注意不拿女儿和别的孩子做无意义的比较。

可见，当家长拿孩子与他人比较时，孩子就会将怨恨的情绪转移到对方的身上，这时，就会产生忌妒的心理。所以，家长要理解孩子这一心理特点，不要轻易拿孩子和别人比较，更不要用挖苦的口气，拿别人的长处来贬低自己的孩子。

引导孩子树立正确的竞争意识

有忌妒心的孩子往往有某方面的才干，争强好胜，却又自私狭隘。父母可以充分利用其争强好胜的特点，激发孩子把忌妒转化为竞争意识，使孩子在赶超先进中调整自己的行为，增强适应社会环境的能力，从而使压力转变为动力，超越忌妒。为此，我们要让孩子懂得如何公平竞争和调整心态。当别人比自己强时，应激励自己，奋发图强，努力赶超，以积极的心态迎接挑战，并从中体会到竞争的乐趣。

虚荣会让孩子迷失纯真的本性

虚荣心是人类一种普通的心理状态，它深藏在人的心灵深处，是一种肮脏的污垢，是一个需要摘除的毒瘤。心理学上认为，虚荣心是自尊心的过分表现，是为了取得荣誉和引起普遍注意而表现出来的一种不正常的社会情感。

虚荣心人皆有之，孩子也不例外。现在的很多独生子女都存在虚荣心强的现象，虚荣心往往会导致孩子发生其他心理问题，如忌妒、自卑、敏感，这些都会阻碍孩子的发展。而且具有虚荣心的人，往往用扭曲的方式表现自尊心和荣誉感，追求表面上的好看和形式上的光彩，面子高于一切，不顾条件和现实去追求虚假的声誉。如果孩子的虚荣心过强，就很容易在攀比与忌妒的心理驱使下走上违法犯罪的道路。

据报载，某市曾发生过一起重大的盗窃案，作案者是两名中学生。他们为了追求物质享受，与别的同学攀比，在虚荣心的驱使下，盗窃了一居民家中的52,000元钱，然后乘船去上海，在短短的四天之内，挥霍掉了所有的钱。他们购买最贵的衣服，到最高级的饭店吃饭，住最豪华的旅店，并且专门租了一辆车四处享乐，真是奢侈至极。

案犯之一的李某，生活在农村，自幼丧父，全靠母亲一个人干活养家。虽然家庭条件不好，但妈妈从来不让李某在吃穿上受委屈，凡是别的孩子有的，李某都会有。做母亲的认为孩子已经缺少了父爱，如果在物质上再比别人差，那就太可怜了。所以虽然她自己省吃俭用，对李某提出的要求却是有求必应。因此，李某在小伙伴中是比较气派的，他感到很满足、很有优越感。从小学到初中，李某的学习成绩一直都很好，在周围所有人的眼里，李某都是个好孩子。

但自从李某上了省城的高中，情况就发生了很大的变化。高中同学们的父母大部分都有高收入，他的同学们花钱如流水，穿的用的都是名牌。相比之下，李某显得非常寒酸，以前的优越感再也没有了。李某开始心理失衡，他不甘心比别人差，于是他每次回家都向妈妈要很多钱，要和同学们比吃穿来满足自己的虚荣心。起初妈妈还很大方，但妈妈的经济承受能力是有限的，随着他索要金额的增大，妈妈不得不几次都拒绝了他。李某得不到满足，就动了邪念："别人有的我为什么不能有，这不公平！"于是李某开始偷同学的钱，几次偷盗都没被发现，这更增强了他的侥幸心理。在金钱的诱惑之下，他越陷越深，最后伙同另一少年作案，被公安机关抓获，而锒铛入狱。

英国哲学家培根曾指出："一切恶行都围绕虚荣心而生，都不过是满足虚荣心的手段。"虚荣，是人生的一记暗伤。轻者，累及一时；重者，痛苦一生。

虚荣心的产生与孩子满足自尊心的需要有一定的关系。每个孩子都有受尊重的需要。一般来说，尊重的需要可以通过许多正当的手段来获得满足。可是，也有一些孩子在尊重的需要得不到满足，或者尊重的需要可能受到某些挫折时，便通过不适当的手段来获得满足，这就是虚荣。因此说虚荣心是一种扭曲了的自尊心。

关天宇是小学六年级的学生，元旦前夕，班主任给学生家长发了一封信，邀请家长到学校参加联欢会。

可是，关天宇并没有将这封信交给父母，而是一直藏在了抽屉里，让自己当老师的大姨去参加，还嘱咐大姨一定要开车去学校。

关天宇的妈妈一直不知道参加联欢会的事，后来从邻居那得知此事。回家后，妈妈不悦地质问儿子："为何隐瞒？为何不拿出信件？"孩子支支吾吾地说："我不想让你参加……"

母亲不高兴了，大声喝道："说什么？为什么不要我去？难道你妈妈会丢你的脸不成？"

孩子沉默了片刻，终于鼓足了勇气说出了内心的真实想法："你只是一个清洁工人，没有一份体面的工作，去了会被同学看不起，而且也不如别的同学的妈妈会打扮，还有，发言的时候嗓门很大，同学都笑话我……"

母亲一听气就不打一处来："儿子啊，你这么小就这么虚荣，长大了可怎么办啊？我是没什么体面的工作，但吃的、穿的，妈妈一点都没委屈你，妈妈是不怎么打扮，整天忙着生活，哪有闲暇顾上打扮啊？"

关天宇不再说什么，但内心里对母亲所说的话颇不以为然，不管怎样，以后开家长会什么的，绝对不会再让妈妈出面了。

小小年纪，就如此过于爱面子，虚荣心太强，实在是令人担忧。而这种情况，在当今社会带有普遍性。有关调查表明，独生子女中有20%存在较强的虚荣心。

对孩子来说，虚荣心是一种可怕的不良心理。虚荣心会使孩子骄傲自满，破坏孩子与他人的关系，使孩子处于孤立的境地。虚荣心强的孩子在成长过程中，经常会出现各种问题，使孩子产生忌妒心理，导致情绪不稳定等，还会造成孩子行为上的迷失。所以，父母对虚荣心较重的孩子不能掉以轻心，而应当采取必要的方法加以纠正。

不要让孩子有攀比心理

孩子的年龄尚小，认知能力比较差，并没有建立起自己评价事物的标准，加上受到社会上一些不良风气的影响，容易导致其产生攀比心理。孩子一旦有了攀比心理，就会助长贪婪的欲望和极强的虚荣心，产生畸形的消费观、人生观和价值观，还会给他们将来的就业、生活带来种种负面的影响，甚至会使他们走上邪路。攀比心理，对孩子的健康成长是有百害而无一利的。

张先生的儿子今年上小学二年级，对于孩子的要求，张先生向来是有求必应。孩子也对金钱没什么概念，只要一出去就要买东西回家。慢慢地，孩子还养成了攀比的习惯，同学们有什么他就要什么，衣服、玩具经常买。如今放暑假了，孩子不满足于整天在家看电视，邻居同学父母给买了一台电子游戏机，儿子就要求张先生买给他，张先生怕整天玩，影响孩子视力，没给买，这不，孩子已经和他冷战三四天了。

对孩子提出的各种要求，家长要做的不是尽量去满足孩子的愿望，而是要对孩子的攀比心理给予正确的疏导。在拒绝孩子的无理要求时，家长不能简单地说“不”，而是要让孩子明白为什么不能满足他的要求。

让孩子认识虚荣的危害

孩子有虚荣心，是心理发育过程中的正常现象，如果不加重视，任其发展，虚荣心将成为孩子成长中的绊脚石，孩子长大后很可能喜欢弄虚作假，沽名钓誉。

一天，一个读小学三年级的孩子回到家中，掏出成绩单：“爸爸，妈妈，我语文、数学分别考了99和98分！”父母亲吃了一惊，这孩子平时只考70分左右，在班级里处于中下等水平，现在怎么成绩提高了这么多？一问老师，原来孩子涂改了成绩单，把79和78改成了99和98。父母亲问孩子为什么，孩子说：“我穿的是名牌服装，吃的是电视广告里推荐的食品，成绩也要数一数二的！”可怕的虚荣心，让孩子学会了弄虚作假。

生活中，上述现象具有一定的普遍性。不少孩子通过一些欺骗和虚假的方式，来维护自己的自尊心，这样容易造成孩子撒谎成性。这种品质让孩子无法客观真实地认识自己，也会造成对他人的欺骗。所以，父母要让孩子认识到虚荣的危害，并且通过恰当的机会让他感受到虚荣心过强所带来的烦恼和痛苦，从而自觉地意识到虚荣心过强是不利于自己成长的。

家长以身作则，杜绝虚荣

在我国一个偏远的小镇，有一个小学体育老师，一心希望儿子能出国留学光宗耀祖。但儿子分数差了一点儿，失去了出国留学的机会。父亲着急得不得了，到处托人找关系，想让儿子早一点儿出国。最后，通过一个中间人，交了2万美金，终于把儿子“弄”到了美国。父亲逢人便说：“我的儿子出国留学去了！”

儿子出国以后，先后把自己挣的1000美元寄回了家。父亲立刻“牛”了起来，穿戴也讲究了。后来，儿子被打伤了。他给父亲打电话诉说了自己的遭遇，并提出要回国。父亲勉强同意了。儿子回来以后，父亲很不高兴，说：“你真不给我争气。我现在正在竞选校长呢，你偏偏这个时候回来丢我的脸！你最好找个没人看到你的地方待着去！”

这是个很典型的例子。从中我们可以看到，父母的虚荣心会给孩子带来伤害。所以，父母首先要摆正自己的心态，不同别人攀比，不盲目追求物质享受，给孩子树立好的榜样，用良好的言行去感染、教育孩子。

教会孩子乐观处事

积极乐观是一种心理状态，也是一种性格品质，它对孩子未来的人生发展具有重要作用。调查显示，积极乐观的人不仅较为健康，而且婚姻生活较为幸福，事业上也较易获得成功。

有一位智者说过："生性乐观的人，懂得在逆境中找到光明；生性悲观的人，却常因愚蠢的叹气，而把光明给吹熄了。当你懂得生活的乐趣，就能享受生命带来的喜悦。"乐观的人，凡事都往好处想，以欢喜的心想欢喜的事，自然成就欢喜的人生；悲观的人，凡事都朝坏处想，越想越苦，终成烦恼的人生。

美国有一对兄弟，一个出奇的乐观，一个却非常悲观。

有一天，他们的父母希望兄弟俩的性格都能改变一些。于是，他们把那个乐观的孩子锁进了一间堆满马粪的屋子里，把悲观的孩子锁进了一间放满漂亮玩具的屋子里。

一个小时后，他们的父母走进悲观孩子的屋子时，发现他坐在一个角落里，一把鼻涕一把眼泪地在哭泣。原来，他不小心弄坏了玩具，怕父母会责骂自己。

当父母走进乐观孩子的屋子时，却发现孩子正在兴奋地用一把小铲子挖着马粪，把散乱的马粪铲得干干净净。看到父母来了，乐观的孩子高兴地叫道："爸爸，这里有这么多马粪，附近肯定会有一匹漂亮的小马，我要给它清理出一块干净的地方来！"

这个乐观的孩子就是后来的美国总统里根。他从报童到好莱坞明星，再到州长，直至当上了美国总统。这中间，积极乐观的性格起到了很大的作用。

可见，积极乐观的心态对孩子的一生有着重要的影响，因为这种心态总是与乐观、自信、成功联系在一起。一个心态积极乐观的孩子，善于看到事物中积极有利的一面，在平时的学习生活及人际交往中能够建立起良好的关系；而且，心态积极的孩子常能心存光明远景，对未来有美好的期待，即使身处逆境，也能凭借乐观的心态、坚定的信念和顽强的毅力战胜困难、走出逆境。孩子正处在身体和心理的发展时期，在这个过程中，家长应重视培养孩子乐观向上的人格、豁达宽广的积极人生态度。

有个小男孩头戴球帽，手拿球棒与棒球，全副武装地走到自家后院。“我是世上最伟大的打击手。”他满怀自信地说完后，便将球往空中一扔，然后用力挥棒，但却没打中。他毫不气馁，继续将球拾起，又往空中一扔，然后大喊一声：“我是最厉害的打击手。”他再次挥棒，可惜仍是落空。他愣了半晌，然后仔仔细细地将球棒与棒球检查了一番。之后他又试了三次，这次他仍告诉自己：“我是最杰出的打击手。”然而他这一次的尝试还是挥棒落空。

“哇！”他突然跳了起来，“我真是一流的投手。”

乐观是一种性格倾向，使人能看到事情比较有利的一面，期待更有利的结果。孩子对那些能够满足自己需要的事物或对象，会产生一种积极的情绪体验，而对无法满足自己需要的事物则会产生消极的情绪体验。乐观的性格是孩子应对人生中悲伤、不幸、失败、痛苦等不良事件的有力武器。如果孩子无法乐观地面对人生，就会意志消沉，对前途丧失信心，而且长此以往，还会损害身体健康。

乐观是孩子对未来充满信心和有希望而又不断进取的个性特征。也许有些孩子天生就比较乐观，有些孩子则相反。但心理学家发现乐观思想是可以培养的，即使孩子天生不具备乐观品质，也可以通过后天的努力来实现。

当然，积极乐观的态度的形成并非一日之功，需要在生活中的细微处点滴积累和培养，当孩子能把困难和痛苦看作一种成长的快乐时，那也将是父母最大的快乐。

用积极乐观的态度感染孩子

父母是孩子的榜样，要想使孩子有积极乐观的心态，父母首先要有积极乐观的品质。父母积极乐观的思维处事方式，使孩子耳濡目染，会潜移默化地影响孩子。教育家斯宾塞说：“孩子很容易受到家长的影响，如果他感受到了你的积极，他会慢慢获得一种美好的人生感觉，信心倍增，人生目标感也越来越强烈。”因此，父母要善于用美好的感觉、态度和信心影响孩子，并向孩子传递一种积极的人生信念。

有一个活泼可爱的小女孩，她尽管长着满脸雀斑，但她却没有丝毫的忧愁，她开朗而乐观，无论什么时候看到她，都能见到她满脸的笑意。她的父母也是同样一副面孔，那种微笑似乎是他们永远不变的表情。

这一天，小女孩特别兴奋，因为她要去参加好朋友的生日宴会了。她早早就穿上漂亮的牛仔靴、黑色的牛仔裤，这是妈妈给她新买的衣服，她又带上爸爸送给她的牛仔帽，简直帅极了，最让她激动的是，她要骑一匹真正的小马去参加宴会。

然而，天公不作美，11点半，天公突然变了脸，狂风大作，大雨如注。她只好静候在窗前，等待暴雨结束。这时，妈妈走了过来，告诉她由于天气的缘故，宴会取消了。她一下子没有了笑容，眼泪在眼圈里转了半天。妈妈也很难过，不过她微笑着说：“宝贝，不过，我们今天可以在屋里子做‘寻找公主’的游戏了。”

小女孩随即高兴起来，她说道：“我敢打赌，下个星期六一定是个骑马的好日子，到那时，我要骑马去玩。”

她就是美国今天著名的女企业家拉塞尔·合姆。

孩子的模仿能力极强，父母的优点与缺点一并吸收。如果父母是悲观主义者，孩子就会受其影响以悲观的态度思考问题；如果父母希望孩子具有乐观的品性，那父母就必须首先改变自己的思想与行为方式。所以，培养孩子的过程也是父母不断充实与学习的过程。父母不仅要尽量在孩子面前表现出乐观，营造快乐的气氛，更重要的是要真正拥有一颗乐观的心。父母乐观处事的实例是孩子最好的教科书。

引导孩子宣泄不良情绪

孩子在生活中碰上不满的事情之后，父母千万不要让他们由此产生的负面情绪憋在心里，这很不利于孩子心理的健康发育。当孩子感到悲伤失望时父母要给孩子以安慰，让他把自己的不满和委屈都讲出来，学会正确地运用心理疏导方式及时地走出不良情绪的困扰。如果不良情绪长期得不到发泄，就会发生壅塞，只会渐渐地使孩子走向消极。平时，父母要多向孩子灌输一些乐观主义的思想，让孩子明白，困难是短暂的，前途是光明的。

小星刚从学校回来就闷闷不乐地回到自己的房间，并把房间的门关上。妈妈感觉他不对劲，便在吃晚饭时问小星：

"小星，今天学校有什么高兴的事呀？"

"没有高兴事，但是有伤心事。"小星不高兴地回答。

"为什么呀？什么伤心事，能告诉妈妈吗？"妈妈问道。

"今天老师让同学们选一个人当班长，同学们大多数都选了高越，只有少数的几个人选了我！"小星伤心地说。

"大多数同学选高越做班长，说明高越身上优点比你多。你要向他学习，然后比他更积极地表现，说不定下学期，同学们都选你了！"妈妈引导小星。

"可是，我现在就想当班长！"小星有些着急了。

"现在你在同学们中间没有太高的威信，就算你当了班长，同学们也不会服你的。如果你用这段时间好好表现，下学期不要说班长，而且还会被评为三好学生呢，你说是不是？"妈妈问道。

"嗯，好像是。"小星同意了妈妈的看法，开始高兴地吃起饭来。

每个孩子都会碰到不顺心的事情，即使天性乐观的孩子也不例外。当孩子遇到困境时，父母要多留心孩子的情绪变化，如果孩子闷闷不乐，父母就要抽时间和孩子交谈，指导孩子排除心理障碍，使悲观情绪、不良情感及时得到化解。

让孩子乐观地面对一切

日本大作家大江健三郎在他的文章中提到自己小时候很怕死，有一次因病住院，哭闹不休，不肯让家人离开。后来母亲对他说："放心吧，如果你真的死了，我会把你再生出来！"于是，他安心了。不久，他又很不放心地说："假如将来的我生出来后，叫他好好学习现在的我。"从此，他格外注意自己的言行，为将来的"自己"做好榜样。母亲这样智慧的教导孩子，将他的消极情绪转化，不但不再惧怕死亡，而且充满期望。

父母要让孩子明白，乐观是战胜困难的法宝。培养孩子乐观的性格，最重要的是，不论孩子遇到什么样的困难，父母应站在孩子一边，给予积极的鼓励和支持，要帮助孩子积极进取，只有这样，才能教会孩子以正确的态度和措施保持乐观。

培养孩子坚强的意志力

意志力是人类特有的一种心理现象，词典上的解释为"控制人的冲动和行动的力量"，是指人在达到某一目的的过程中，通过有意识地支配和调节自己的行为，从而克服各种困难来达到预期目的的心理过程。

坚强的意志是人的一种重要心理品质，是人们做事获得成功的必要前提。遗憾的是，现在许多孩子缺乏意志力，他们生活在父母的溺爱与包办下，缺乏自我解决问题的能力、坚持不懈的毅力及抵抗挫折的耐力，这样的孩子在以后的生活中会遇到各种各样的麻烦。

有一年，日本松下公司为了扩大经营规模，打算招聘一批销售人员。为了挑选优秀的人才，考试将分为两个部分——笔试与面试。来面试报考的人有几百名，但录取的名额却只有10人，经过一个星期的繁忙招考，最后通过电子计算机计分，选出了10名佼佼者。

在面试时，有一位名叫神田三郎应征者给松下幸之助留下了很深刻的印象，但当松下幸之助将录取者一个个过目时，他却发现，成绩特别出色的神田三郎没有在10人之列。他感到很奇怪，当即叫人复查考试分数统计情况。经过复查，发现神田三郎综合成绩名列第二名，只因电子计算机出了故障，把分数和名次排错了，导致神田三郎落选。松下幸之助立即吩咐纠正错误，给神田三郎发录用通知书。

第二天，给神田发通知书的助手向松下报告了一个惊人的消息：神田三郎因没有被录用而跳楼自杀了，录用通知书到时，人已死。

闻言，松下幸之助沉默了好长时间。助手在一旁自言自语说："真是可惜了，这么一位年轻有为的青年，我们没有录取他。"

松下幸之助却不以为然地摇摇头说："幸亏我们公司没有录用他。意志如此不坚强的人是干不成大事的。"

坚强的意志是人心理的支柱，是战胜困难、克服弱点、取得事业成功的一把利剑。对于一个人来讲，没有坚强的意志就成了一具无生命的躯壳，一个临死的灵魂。有了坚定的意志力，就能够坚定不移地做自己认为正确的事情，而成功也就离你不远了。

"宝剑锋从磨砺出，梅花香自苦寒来"。坚韧的意志力是孩子取得成功必备的心理品质，它也是保证和维持孩子奋斗的内在心理力量。俗话说，志不坚者智不达，一个没有坚韧意志力的孩子，即使拥有过人的才华也难以取得成就。

德国心理学家对500名智力超常的儿童进行了追踪调查研究，根据他们的成就大小，把他们分为“有成就组”和“无成就组”进行对比，发现这两组人之间的最大差异在于意志品质方面。那些获得较大成就的人，对自己从事的事业有忘我的献身精神，为了达到奋斗目标，虽经多次挫折仍不动摇。而“无成就组”的人，则意志薄弱，在困难面前畏缩不前，只有消极地等待良机。心理学家们由此得出结论：人们事业成功与否，在很大程度上并不取决于人的智力水平和客观条件，而取决于是否有坚强的意志。因此，对于孩子来说，意志比天资聪颖更为重要。

坚韧的意志力是孩子取得成功必备的心理品质，它也是保证和维持孩子奋斗的内在心理力量。人生路上，无论做什么事都会遇到一定的困难和问题，如果没有相当的意志力往往很难把事情做成，所以，意志力的培养是相当重要的，这也是个性品质的一个重要特征，父母一定不要忽视对孩子意志力的培养。只有这样，孩子在将来的工作、生活中遇到问题或挫折时，才能坦然面对。

做孩子的表率

父母如果意志坚强，做事具有不怕困难、百折不挠的意志力，那么孩子也会在耳濡目染、潜移默化的过程中逐步完善自己的意志品质。反之，父母做事拖拖拉拉，遇着困难绕道走，工作、生活缺乏勤奋精神，那么他们的孩子决不会成为一个意志坚强的人。

有一位市级劳模，她虽然只有初中文化，音乐知识贫乏，却通过自己坚强的意志引领，促使女儿考进知名音乐学院的钢琴系，并多次在全国钢琴比赛中获奖。十年来，她带着孩子风里来、雨里去，上天津、跑北京，求名师、赶考场，正是她自己坚强的意志力成就了孩子的学业。

家长自身的意志力对孩子也有着重大的影响。孔子说：“其身正，不令而行；其身不正，虽令不行。”无论家长的文化是高是低，不论什么职业，家长的刻苦好学、顽强拼搏、自强不息的坚强意志，永远是孩子取之不尽的力量源泉。所以，作为父母，一定要为孩子做出良好的榜样，在日常生活和学习工作中体现出坚强的意志力。

让孩子从点滴小事做起

指导孩子经受意志锻炼必须从点滴小事做起，通过日常生活小事指导孩子经受意志锻炼是一种行之有效的方法。

刘雅丽是小学三年级的学生，她也像同龄的孩子一样做事情遇到困难容易放弃。有一次，妈妈利用周末带她一起收拾屋子。刘雅丽按照妈妈说的方法却怎么也擦不干净玻璃，她有些气馁了。尤其是当她发现自己擦一块玻璃居然花了五分钟还没擦干净、而家里又有这么多扇窗户时，她彻底失去信心了。于是，她把抹布扔在一边，一屁股坐在地上叹起气来。妈妈看到孩子的表现便告诉她："你刚学擦玻璃，擦不干净很正常。你只需要把你正在擦的这块擦好就是成功了呀。不要急于求成，等你熟练以后速度也就上去了。你如果就这样放弃，可是连一块也擦不干净了啊。"

在妈妈的鼓励和教导下，刘雅丽拿起抹布，重新开始擦玻璃。

家长要善于利用身边的小事有计划地培养、锻炼孩子的意志力。父母要让孩子明白，坚强的意志是在千百件小事的锻炼中逐步培养出来的。经常在小事上注意锻炼，才能在大事上经得起困难的考验。

让孩子吃点苦

困难和挫折是考验人的意志力的试金石，古语说"自古雄才多磨难，从来纨绔少伟男"。其实孩子意志力薄弱，在很大层面是家长的娇宠，舍不得让孩子吃苦。家长要"狠"下心来让孩子吃点苦，让孩子在困难和挫折中培养勇气，磨炼意志。

美国前总统肯尼迪的夫人杰奎琳是位坚强而独立的女性，她的儿子约翰自幼羞怯、自卑、优柔寡断，依赖性很强。杰奎琳认为儿子之所以有这样性格上的弱点，跟缺少锻炼有直接关系。于是她在约翰11岁的时候，把他送到英国的德雷克岛“勇敢者营地”去受训，学习驾驶帆船、独木舟、爬山。13岁时，她又送儿子到缅因州的一个孤岛上学习独立生活的技能。在20天的训练中，不给食物，只给一加仑水、两盒火柴和一本在野外如何谋生的书。当约翰15岁时，母亲又送他去肯尼亚的荒野里自求生存。在约翰读中学放暑假时，她还把儿子送到“国家户外”学校，接受为期70天的训练。为了进一步强化约翰独当一面的能力，她让儿子参加维和部队赴危地马拉从事地震救灾工作。

在一次次异乎寻常的训练中，约翰的表现越来越出色，终于锤炼出了刚毅果断的独立人格，成为一个自信潇洒、求实向上、理性节制、圆通练达的青年。

让孩子吃点苦是对他的意志力和生活能力的一种磨炼，不能吃苦的孩子很难对现实有深刻的了解和理解。给孩子适当进行吃苦教育，是一种“大爱”的表现，是对孩子负责的表现，是有助于孩子成长的表现。

自信的孩子有出息

自信是一个人对自身力量的认识和充分估计，是一种良好的心理品质，也是一个人克服困难、自强不息、取得成功的内在动力。

成功者有一个显著特征，就是他们无不对自己充满了极大的信心，无不相信自己的力量。而那些没有做出多少成绩的人，其显著特征则是缺乏信心。正是这种信心的丧失，使得他卑微怯懦、唯唯诺诺。对自己的未来充满必胜的信心，绝不容许任何东西动摇自己有朝一日必定事业成功的信念，这是所有取得伟大成就人士的基本品质。

俄国著名戏剧家斯坦尼斯拉夫斯基，有一次在排演一出话剧的时候，女主角突然因故不能演出了，斯坦尼斯拉夫斯基实在找不到人，只好叫他的大姐担任这个角色。他的大姐以前只是一个服装道具管理员，现在突然出演主角，便产生了自卑胆怯的心理，演得极差，引起了斯坦尼斯拉夫斯基的烦躁和不满。

一次，他突然停下排练，说："这场戏是全剧的关键；如果女主角仍然演得这样差劲儿，整个戏就不能再往下排了！"这时全场寂然，他的大姐久久没有说话。突然，她抬起头来说："排练！"一扫以前的自卑、羞怯和拘谨，演得非常自信，非常真实。斯坦尼斯拉斯夫基高兴地说："我们又拥有了一位新的表演艺术家。"

这是一个发人深思的故事，为什么同一个人前后有天壤之别呢？这就是自卑与自信的差异。

生活中，我们主观上很想有所建树，之所以没有成功，往往并不是能力不够、客观条件不够成熟，关键在于缺少自信、信心，心里对自己产生了怀疑。或者说，许多失败是从自卑即自己看不起自己、不相信自己开始的。莎士比亚曾说："自信是走向成功的第一步，缺少自信即是失败的原因。"爱默生说："自信是成功的第一秘诀。"一个人只要充满自信，就能产生非凡的力量。只有相信自己，正确评价自己，才能充分挖掘出自己潜在的能力，从而开拓出属于自己的一片天空。

在孩子健康成长的道路上，自信心的培养是至关重要的一课。自信是孩子的潜力的放大镜。一位哲人说得好："谁拥有自信谁就成功了一半。"自信是孩子成长过程中的精神核心，是促使孩子充满信心去面对困难，努力完成自己愿望的动力。

如果孩子是一个自信的人，那么他乐观进取，做事积极主动，勇于尝试，乐于接受挑战；但若是孩子缺乏自信，那么他就会在任何事情面前都表现得极为缺乏自信，因而柔弱、害羞、充满恐惧，既不敢面对新事物，也不敢主动与人交往，将失去很多学习和锻炼的机会，影响自身的发展。长此以往，孩子就会产生无能的感觉，变得自卑。甚至可能产生自暴自弃、破罐子破摔等不良心理，后果将很可怕。

自信是一个人最重要的心理素质之一，但它并非与生俱来，必须由家长对孩子从小加以正确引导，使孩子逐渐学会相信自己，建立起自信。

多鼓励孩子

在生活中，家长对孩子的鼓励是一把挖潜启智、培养孩子正常发展、快速成长的金钥匙。鼓励能调动人的积极性，鼓励能让人树立信心、看到希望。一句鞭策的话语，一次精神上的激励，往往能激发孩子的自信心和上进心，从而变成一种巨大的精神力量，促使其更加刻苦用功和不断提高。

美国学者查尔斯12岁时，在一个细雨霏霏的星期天下午，在纸上胡涂乱画，画了一幅菲力猫，并把画拿给了他一直非常敬重的父亲。当时他这样做有点鲁莽，因为每到星期天下午，父亲就会拿着一大堆阅读材料和一袋无花果独自躲到他们家所谓的客厅里，关上门去忙他的事，他不喜欢有人打扰，但这个星期天下午，父亲却把报纸放到一边，仔细地看着这幅画。

“棒极了，这画是你亲手画的吗？”父亲惊奇地问。

“是的。”查尔斯怯生生地说。

父亲认真地打量着那幅画，点着头表示赞赏。他说：“在绘画上你很有天赋，坚持下去！”

查尔斯在一边激动得全身发抖。父亲几乎从没说过表扬的话，也很少鼓励他们兄妹。他把画还给查尔斯，重新拿起他的报纸。

从那天起，查尔斯看见什么就画什么，把练习本都画满了。

因为工作父亲离家后，查尔斯只有自己想办法过日子，并时常给父亲寄去一些自认为吸引他的素描画并眼巴巴地等着父亲的回信。父亲很少写信，但当他回信时，其中的任何表扬都能让查尔斯兴奋上好几个星期，给他无比的信心，他相信自己将来一定会有所成就。

在美国经济大萧条那段最困难的时期，父亲去世了。除了福利金，查尔斯没有别的经济收入，他17岁时只好离开学校。受到父亲留给他的鼓励话语，查尔斯画了三幅画，画的是多伦多枫乐曲棍球队里声名大噪的"少年队员"琼·普里穆、"二流球手"杰克逊和查克·康纳彻，并且在没有约定的情况下把画交给了当时《多伦多环球邮政报》的体育编辑迈克·洛登，第二天迈克·洛登便雇用了查尔斯。在以后的四年里，查尔斯每天都给《环球邮报》体育版画上一幅画。那是查尔斯的第一份工作。是父亲的激励和欣赏给了查尔斯一颗自信心，这颗自信心使他虽然没有了父亲的庇护，他也可以生活下去，并且活得很精彩。

父母的鼓励，有助于增强孩子的自信心。每个孩子都有自己独特的地方，孩子在自己喜欢的领域中活动是十分投入、十分自信的，所以家长要了解孩子的特点，善于发现他们的优点并经常给予鼓励和肯定，这是孩子充满自信，不断进步的力量源泉。

让孩子自己做力所能及的事

平时多鼓励孩子，要让孩子自己的事情自己做，不要怕孩子做错，没有错的经历就没有对的经验。孩子在实践中做对的要给予充分肯定，做得不足要帮孩子找到原因，让孩子通过自己的实践丰富经验，增强自信心，这样才会更加相信自己的力量。

有一次，三岁的小亮正在学着自己穿鞋。“来，小亮，你穿得太慢了，妈妈给你穿。”妈妈抱过小亮，三下两下系好了鞋带。面对妈妈熟练的技巧，小亮感到自己很笨拙。

四岁的时候，小亮小心翼翼地拿起喷壶，想要帮妈妈给花草浇水。“小亮，别动！”妈妈喊道，“小心把水洒到身上，你还小呢，让妈妈干吧。”

小亮要帮妈妈收拾桌子，妈妈吓坏了，赶紧夺过碗碟：“小宝贝，你会把碟子摔碎的，还会划破手。”为了不使碟子破碎，小亮再一次丧失了学习的机会。面对妈妈一次又一次的拒绝与否定，小亮的自信心完全破碎了。

家长只有培养孩子的自理能力和独立性，孩子才能建立自信，否则很容易出现退缩。生活中，父母可以营造较宽松的心理环境，允许孩子自己尝试和犯错；注意“君子动口不动手”式的指导，多提建设性的意见，少给孩子不必要的帮助，给予孩子独立锻炼的机会，才能让孩子体验成功的快乐，建立真正的自信心。

善于发现孩子的闪光点

成人的评价对孩子建立自信心理至关重要。尊重和爱是孩子的基本心理需要，由衷地欣赏、赞美孩子，需要家长学会从多个角度发现孩子的闪光点，用发自内心的喜悦感染、打动孩子，使其保持健康积极的心理状态。

尤勇是班里的后进生，他各门功课成绩都很差，每天上课时要么不到校，要么趴在桌上睡觉，要么就是自个在纸上胡写乱画，从不认真听讲。经班主任了解发现，原来他从小学二年级开始，成绩就一直很糟糕，常常受到父母的责骂和老师的训斥。渐渐地，他失去了学习的兴趣，他自己也觉得考大学是天方夜谭，只想读完五年级，算是完成父母交给他的任务。

老师找到尤勇的爸爸，希望他在尤勇身上找到闪光点，然后给予赞扬。后来，尤勇的爸爸终于发现儿子在草稿纸上画的卡通画比较生动，于是，他便诚心地赞赏儿子的绘画天赋。之后，爸爸将这一情况告诉了尤勇的班主任，班主任安排尤勇负责班刊的插图工作，他做得很认真，老师又借机大大表扬了他。

从此，尤勇便迷上了画画，上课的时候像变了一个人似的，专心致志地听课。后来他考上了大学的美术专业。

尤勇的改变，在于父亲和老师的赞赏和鼓励，让他从画画中体验到了成功，从而激发了自信心。所以，家长要善于捕捉孩子的闪光点，及时地赞美他们，帮助他们建立自信心，从而发挥其内在的潜能。

提高孩子抗挫折的能力

现在的孩子大多是独生子女，生活在优越的物质环境和家长的保护圈中，没吃过什么苦，也不知道什么是苦。作为父母宁愿自己去经受磨难，也要为孩子铺平道路，设计充满笑脸和鲜花的明天。但是，在现实生活中，人难免会碰到失败和挫折，尤其是孩子，他们由于受身心发展水平的限制，心理承受能力较弱，即使在成人看来很微小的一次失败，对于孩子来讲，可能是一次不小的打击，会使他们不知所措、失望退缩，丧失热情和信心，甚至出现逃学、离家出走、自杀或精神疾患。

某中学初三的高铭，过去曾是个开朗热情、学习优秀的“三好学生”。上小学的时候，在班上的成绩一直名列前五名，班上和学校的各种活动更是少不了他，他表演的节目在学校里都是“压轴戏”。可是，就在两年前的一个小小挫折面前，他变得消沉了。

那是他上初一的上半年，全区中学举办了一次知识竞赛，高铭作为全校的三名选手之一，参加了最后的决赛。但在最后一轮决赛时，他答错了一道题。他答完之后，看到了台下同学们失望的目光，正是这些目光把他拖入了挫折的泥潭。后来，同学们都忘记了这场比赛，他还是陷在其中无法走出来，每当大家无意间提到那场比赛，他都会陷入深深的自责之中。渐渐地他远离了同学们，把自己封闭起来。当他的父母发现他精神恍惚，带着他去看心理医生时，被告之他患有轻度抑郁症。

现在的孩子大多是独生子女，被家庭呵护惯了，在挫折面前往往缺乏足够的抵御能力。生活中挫折无处不在，可以说挫折伴随着孩子成长的每一步。有意识地让孩子受点苦和累，受点挫折，尝试一点生活的磨难，使孩子明白人人可能遇到困难和挫折，有利于培养孩子敢于面对困难，正视挫折并提高克服困难的能力。

抵抗挫折是孩子的必修课，没有经历过挫折的孩子长大后将因不适应激烈的竞争和复杂多变的社会而倍感痛苦。美国的一位儿童心理学专家说：“有十分幸福童年的人常有不幸的成年。”“挫折教育”其实就是使孩子不仅能从外界给予中得到快乐，而且能从内心激发出一种自寻快乐的本能。这样在挫折面前才能泰然自若，保持乐观。

所谓“授人以鱼，不如授人以渔”就是这个道理。既然遭遇挫折是人生必经的坎儿，那么我们就必须教孩子学会接受挫折。与其一辈子替孩子遮风挡雨，不如让孩子自己去面对人生中的风雨。著名的心理学家马斯洛说：“挫折对于孩子来说未必是件坏事，关键在于他对待挫折的态度。”因此，明智的父母应该从小就对孩子进行挫折教育。

给孩子创设受挫机会

每一个孩子都具备独立抗击生活暴风雨的能力，关键在于父母是否给他创造了合适的机会。德国著名教育专家舒马赫曾说："给孩子多多提供尝试机会也是实施挫折教育的有机组成部分。孩子一旦被剥夺了尝试的机会，也就等于被剥夺了犯错误和改正错误的机会，因此也不可能迈向成功之路。"为了增强孩子的耐挫力，父母们不妨有意识地给孩子创造一些适度的挫折情意，挫折教育对增强孩子心理承受能力大有好处。

有一位美国父亲，他和儿子有约，吃午饭后，儿子收拾桌子他洗碗，但有个条件，如果儿子收拾得不好就要接着洗碗。有一次，午饭后儿子小心地收拾了，而且实际上，桌子也比平时收拾得干净得多，儿子满以为顺利过关了，可父亲检查时仍发现了一点油渍，于是他平静地说："对不起，这次碗该你洗啦。"想想，儿子作了努力且明明比平时还好，却过不了关，哪有不产生遗憾、失望、挫折感的呢？其实，这正是这位父亲故意给儿子设置的挫折情景，故意让他心理受挫。他认为，让儿子经常遭遇些类似的挫折情景，孩子就学会了镇静地接受不如意的现实，正确地控制情绪而避免过度的挫折感。

许多人认为，对孩子进行挫折教育，事实就是给孩子吃点苦头，其实不然。真正的挫折教育，是在正确的教育思想指导下，根据孩子身心发展和教育的需要，创造或利用某种情境，提出某种难题，让孩子通过动脑动手来解决矛盾，从而使他们逐步形成对困难的承受能力和对环境的适应能力，培养出一种迎困难而上的坚强意志。所以，家长有意识地给孩子创造受挫的机会，是好事不是坏事；是有远见地爱孩子，也是真正地爱孩子。

引导孩子正确认识失败

孩子生活中有不同的活动，当孩子面临困难时，父母要让孩子明白挫折不是人生的绊脚石而是推动人前进的动力。挫折并不可怕，可怕的是被挫折打倒。人生遭遇挫折是在所难免的，关键在于我们怎么去看待它。遇到挫折时，该做的不是伤心落泪而是尽可能地调节自己的情绪，认真分析原因，在挫折中吸取教训。

学校即将举行儿童节演讲比赛，芳芳第一个报了名。报名后，芳芳在家进行了全面的备战。但比赛那天，却发生了一个小小的意外。当轮到芳芳上台演讲时，她因为走得过急摔了一跤，结果影响了她后来的发挥。这次比赛，芳芳没有取得名次。回家后，芳芳将比赛的事说给妈妈听，妈妈给她讲起了刘邦与项羽的故事。屡战屡败的刘邦越败越勇，后来终于在垓下一战，打败了实力强大的项羽！听完故事，芳芳擦干眼泪，咬着嘴唇说："妈妈，你们放心吧，这次失利还打不垮我，你们看我下次的表现吧！"

数月之后，在国庆演讲比赛中，芳芳捧回了全校第一名的奖杯！

正所谓"失败是成功之母"，当孩子面对失败时，父母可以通过给孩子讲英雄人物成功前的挫折或父母小时候遇挫折的故事，让孩子懂得生活中随时可能会遇到挫折，只有勇敢地去克服困难，本领才会越来越大。也可以找一些适合的电影推荐给孩子看。剧中主角曾经遭受伤害(背叛、排挤、误解)但是，最后总能闯过难关。这些影片可以帮助孩子在以后碰到同样困难时，有信心去面对以及学会寻找解决困难的方法。

给孩子独立面对困难的机会

生活中，家长不要对孩子过分呵护，要给孩子独立面对困难的机会，鼓励孩子自己去面对困难，使他们感到自己的能力、有办法应付遇到的问题和困难，从而克服对家长的依赖心理，锻炼独立性和自信心。比如孩子不小心摔倒了，如果情况并不严重，家长就应鼓励孩子自己站起来。等孩子站起来后，再通过及时的夸奖来强化这种行为。这样，当孩子下次再摔倒时，就会勇敢地自己站起来了。

美国总统约翰·肯尼迪的爸爸从小就注意对儿子独立性格和精神品质的培养。

有一次，他赶着马车带儿子出去游玩。经过一个拐弯处，因为马车速度非常快，马车猛地把小肯尼迪甩了出去。当马车停住时，小肯尼迪以为他爸爸会下来扶他一把，但他爸爸却坐在车上悠闲地掏出烟吸起来。

小肯尼迪叫道："爸爸，快来扶我。"

"你摔疼了吗？"

"是的，我自己感觉已站不起来了。"小肯尼迪带着哭腔说。

"那也要坚持站起来，重新爬上马车。"

小肯尼迪挣扎着自己站了起来，摇摇晃晃地走近马车，艰难地爬了上去。

他爸爸摇动着鞭子问："你知道为什么让你这么做吗？"

儿子摇了摇头。

他爸爸接着说："人生就是这样，跌倒，爬起来，奔跑；再跌倒，再爬起来，再奔跑。在任何时候都要靠自己，没人会去扶你的。"

小肯尼迪听了，似懂非懂地点点头。

不过，从那以后，他对大人的依赖性明显少了很多。遇到事情，也不是总是光顾着哭鼻子。因为知道没有人可以帮助自己，他必须想办法解决自己遇到的问题。

显然，肯尼迪总统的父亲并非不爱自己的孩子，事实上，正因为他深爱着自己的孩子，知道挫折是人生必经的坎儿，所以才不断地磨砺孩子的意志，让孩子摔倒了自己勇敢地爬起来。

第六章 教子有方，让孩子养成良好的做事习惯

培养孩子良好的做事习惯，是生活中必不可少的一种能力，是直接影响到孩子一生发展的重要因素。每位家长都期盼自己的孩子有一个幸福的未来，将来能成就一番事业，这就需要从小养成良好的做事习惯。无论是生活中的事，还是学习中的事；无论是小事还是大事，都必须认真对待，设法尽力做好。只有家长们重视培养孩子良好的做事习惯，对孩子严格要求，才能让孩子养成良好的做事习惯。

让孩子专注做事

专注力是一个人能高度集中注意力于某一件事情的能力，也是一个人学习和做事能否成功的关键，对人的一生都是至关重要的。有关专家作过调查，人与人相比，聪明的程度相关不是很大，但如果专心的程度不同，取得的成绩就大不一样。凡是做事专心的人，往往成绩卓著；而时时分心的人，终究得不到满意的结果。

大文学家罗曼·罗兰有一次去参观著名雕塑家罗丹的工作室，欣赏他刚完成的作品。可是来到塑像前，罗丹发现还有几处地方不满意，于是拿起凿子就修改起来，口中念念有词，仿佛那座雕像是他的朋友。两个小时后修改完毕，罗丹满意地瞧了自己的作品一会儿，然后就要大摇大摆地离去，差点把他的朋友锁在屋里。

可见，专注于你所做的事就是成功的第一要素。一个专注的人，往往能够把自己的时间、精力和智慧凝聚到所要干的事情上，从而最大限度地发挥积极性、主动性和创造性，努力实现自己的目标。对孩子来说更是如此，只有善于克制自己，把精力投入到学习中去，完成自己的职责，才有成功的希望。因此，在家庭教育中，父母要十分注重孩子专注力的培养。

有一位老师在讲台上谆谆勉励学生做事要专心，将来才会有成就。

为了具体说明专心的重要，老师叫一名学生上台，双手各持一支粉笔，命其在黑板上同时用右手画方，左手画圆，结果学生画得一团糟。

老师说：“这两种图形都画得不像，那是因为分心的缘故。追逐两只兔子，不如追逐一只兔子。一个人同时有两个目标的话，到头来一事无成。”

这个小故事告诉我们，一个人的精力毕竟是有限的，不能一心二用。我们要想做好一件事情，就必须全身心地投入，决不能心猿意马。正如作家西塞罗所说：“任凭怎么脆弱的人，只要把全部的精力倾注在唯一的目的上，必能有所成就。”因此，专注力的培养，对于孩子来说，是极其重要的，从小训练孩子的专注力可以让孩子养成集中注意力的习惯。

父母要做出榜样

首先家长应该以身作则，表现出专心、坚持和耐心的榜样。

小玲是一个做事专心的女孩。无论是写作业还是玩耍，她都很专心，结果不但各门功课成绩优秀，兴趣爱好也得到充分的发展。小玲专心做事的好习惯，主要是受她的爸爸的影响。小玲的爸爸是一位老师，几乎每天晚上都要伏案备课和批改作业，精力十分专注，从不受家人看电视、谈天的影响。他说，要做到像一位北宋诗人所描绘的“用心专者，不闻雷霆之震惊，寒暑之切肤”的程度虽然很不容易，但不被其他事情干扰而专心地做事，还是能够做到的。

孩子最初的学习对象是父母，要让孩子专心，父母就得从自己做起，比如从头到尾好好完成一件事，而不是想到什么就做什么；要孩子专心做事时，父母也陪着做，而不是在客厅看电视、大声谈笑。总之，别让孩子产生“为什么爸妈可以，我却不可以”的想法，这样才有助于他达成各项学习目标。

为孩子创造一个安静的环境

在孩子玩耍或者是做功课的时候要为孩子创造一个安静的环境，不能在孩子专注的时候有人在旁边吵闹，如看电视、说话等，这样会影响孩子的注意力，使孩子无法认真地做事，时间长了就会使孩子做事没有专注力。

合理安排孩子学习和做他想做的事的时间

关于孩子做作业的时间问题，家长不要过于刻板，以不影响学习为前提，可以灵活掌握和安排。

小丽是小学三年级的学生。有一次，她和妈妈在路上遇见了班主任老师。班主任老师向妈妈抱怨她上课时总不能和其他人一同按时完成课堂作业，好像跟不上似的。妈妈回来并没有批评她，而是同爸爸一起，仔细地观察她的学习习惯，分析原因。最终发现，出现这种情况根本原因是由于她的不专心。于是，妈妈非但没有强迫她学习，反而叫她放学后尽情去玩，作业等妈妈下班回家后再写，但条件是必须在规定的时间内完成。由于要在妈妈规定的时间内完成，她就必须专心致志。于是从那以后，她做功课不再东张西望，写字的速度也快了许多。而且直到现在，她在听课或者自习时都极少走神，做作业的效率也很高。

通常，家长都会认为孩子的责任就是把书读好，但是在孩子的世界里，他们也是很忙碌的。当他们想做的事一旦萦绕在脑海中，他们的心思也就不在学习上了。比如孩子放学后，如果有有益的电视节目，孩子又非常想看，刚好当天作业量不大，不会影响孩子的睡眠时间，那就不妨让孩子把电视看完再做作业。不然，他做作业时心里也会一直惦记着电视，作业也会做不好的。

让孩子学会计划行事

中国有句古话："凡事预则立，不预则废。"预者，计划也。古语一针见血地指出了计划的重要性，凡事只有做好了计划才能取得满意的效果，否则就可能导致失败。

计划，是人们在工作或付诸行动之前预先拟订的具体内容和步骤，也是未来的行动方案，计划就是行动指南。有一项调查显示，在现实生活中，只有不到3%的成年人会一本正经地写出他们的计划，并在每天工作开始之前进行自己的计划。还有一部分人甚至从小时候就开始计划起他们的人生了，在他们看来，要想获得成功似乎非常容易，只需要按部就班地进行就行了，他们所获得的成就足够令我们惊异，他们是当之无愧的最杰出的人。

福井谦一上学时化学测验总是不及格，曾因此打算放弃学业。在父亲的鼓励下，他制定了学习计划，从头补起，从不及格到及格，成绩扶摇直上。1981年，他获得了诺贝尔化学奖。

竺可桢上中学时身体瘦弱，为了强健体魄，他制定了详细的锻炼计划，并手写了"言必信，行必果"的格言时时提醒自己。此后，他闻鸡起舞，从不间断。自从锻炼身体后再也没有请过一次病假。

可见，做事必须有计划。没有计划、没有条理的人，无论做什么都不可能取得成绩。

计划是原地通往目的地的灯塔和桥梁。一个科学而周密的计划，往往能减少人们通往目的地的阻力和波折。计划行事可以让人们明确目标，鼓舞斗志，而明确的目标和高昂的斗志又为计划的顺利执行提供了重要保证，两者相辅相成，互相促进。

法国著名文学家雨果说："有些人每天早上预定好一天的工作，然后照此实行。他们是有效利用时间的人。而那些平时毫无计划、靠遇事现打主意过日子的人，只有混乱二字。学习也是一样，有计划的人，不仅学习有条理、有顺序，而且有目标、有方向。这样当然效果会比没计划随意学要好得多。"做事有计划对于一个人来说，不仅是一种做事的习惯，更重要的是反映了他的做事态度，是能否取得成就的重要因素。对于孩子来说，做事有计划同样是非常重要的。它可以帮助孩子有条不紊地处理事情，并且不会手忙脚乱。

班级要去集体郊游了，玲玲的妈妈来送她。临行前，妈妈从口袋里拿出一张纸递给玲玲："这个还拿吗？"

"妈妈，你就放心吧，我已经记在心底了。"说着玲玲便跑上车去。

孩子们走后，有一位家长走过来问玲玲妈妈："刚才给孩子什么'重要文件'呀？"

"玲玲的郊游计划书。"玲玲妈妈自豪地说。

"孩子这么小就会做计划书？"

看到这位家长如此惊讶，玲玲妈妈讲起了自己的教育经。

原来，玲玲在上幼儿园的时候，做事总是毛毛草草、丢三落四的。后来，玲玲妈妈在报刊上看到一则德国爸爸培养孩子的故事，很受启发。

这个故事是这样的：

一个德国孩子对他的爸爸说："爸爸，我周末想去游乐场。"他的爸爸通常不会直接说行或不行，而是会问孩子："你计划好了吗？你想跟谁一起去？去什么地方？怎么去？"如果孩子说："我还没有计划好。"爸爸就会说："没想好的事就不要说，如果你要去，就要计划好。"

玲玲妈妈从此开始注重培养玲玲的计划性。如当她告诉玲玲提前把周末要做的事情做一个计划时，玲玲会在她的小本子上记下，周六：给花浇水，给外婆打电话，练习写字……就这样一直到现在，玲玲做每件事之前都会做出详细的计划。

做任何事情都应该有计划，只有这样事情才能够有条不紊地进行下去。而做事有计划是一种习惯，在孩子的成长教育过程中要有意识地帮助孩子养成这种习惯，这是一件对于孩子的一生都非常有意义的事情。

做事有计划不仅是一种做事的能力，更是一个人性格的一部分。高尔基说："不知明天该做什么的人是不幸的。"提高计划观念和计划能力，能使孩子成为有条理地安排学习、生活、工作的人。这种计划观念和计划能力，每个孩子都应该学习和具备，这对一生都有好处。

让孩子做事有计划是每一位家长朋友的良好愿望，然而真正付诸行动却没那么简单。因为即使是大人也很难做到有计划地去做每一件事，更别说自制力相对来说还比较差的孩子。所以说，培养孩子做事有计划的习惯，既是培养孩子，同时也是在锻炼家长。家长应对孩子从小用心进行培养。

让孩子做事之前有计划

生活中，有很多孩子做事没有计划，想起什么做什么，往往是做了这件事，忘了那件事，到头来什么事情也做不好。孩子做事没条理、没计划，说明孩子的逻辑思维能力不强，处理问题缺乏系统性。所以，父母要教会孩子做事之前有计划。

放学了，刘洋背着书包回到了家。爸爸妈妈还未下班，他想起有很多作业没做，于是独自一人把作业都拿了出来。先写哪一门呢？他翻翻语文，看看数学，再瞧瞧英语，过了好一会儿终于决定要先做数学。但是刚开始不久，就碰到了一道难题，他想了一会儿，觉得毫无头绪，于是又打开了语文作业。没过一会儿，爸爸妈妈下班了，看见刘洋一个人在写作业，非常高兴，夸了他两句便下厨房做饭去了。作业毕竟是枯燥乏味的，没过一会儿，刘洋突然想起了放动画片的时间到了，昨天的剧情不知道发展到哪儿了，满心想把作业写完了再去看电视，但是书上的字仿佛一个个都变得不认识了似的，眼前仿佛晃过了动画片的情节。他再也忍受不了这种折磨啦，刘洋坐到了电视机前。

吃过晚饭，刘洋又自觉地坐到书桌前，突然想起前些天看过一个手工制作飞机模型的方案，很有意思，于是翻出了那本书，津津有味地看起来。时间不知不觉地过去了，爸爸妈妈过来催促刘洋早点写完作业好好休息。刘洋看了看摊在桌上的只做了一半的作业，叹了一口气："唉，时间怎么就不够写作业的？"

是刘洋不用功吗？是刘洋不自觉学习吗？是刘洋笨吗？其实都不是。问题在于刘洋没有很好地规划时间，做事情不专心，所以效率低下。因此重要的应该制订一份周密可行的学习计划，严格按照计划去执行。

后来，在妈妈的帮助下，刘洋制定了一份合理可行的学习计划，从此以后，刘洋的这些烦恼统统解决了。不仅生活变得有条理起来，刘洋的成绩也显著提高了。

对于孩子来说，做事情缺乏条理、没有计划是儿童时期的一种自然反应。但如果此时家长不注意引导，孩子们往往会养成不良的个性，从而给一生带来麻烦。所以，家长要重视此方面的培养。

教孩子做事有条理

俗话说“脚踩西瓜皮，滑到哪里算哪里”，这是很多孩子的通病，他们无论是学习还是做事都显得杂乱无章，手忙脚乱。许多孩子都有早晨起床找不到袜子、学习用品或者生活用品的现象，这便是做事缺乏计划性和条理性的坏习惯。所以，父母要教会孩子做事有条理性。

有一位爸爸是这样教孩子有条理地做事的：

这位爸爸是一位收藏爱好者，他发现自己的女儿做事非常没有条理，常常是乱放东西，用的时候又拼命地找。为了使女儿养成做事有条理的好习惯，这位爸爸就想出了一个好办法。

有一天，爸爸对女儿说：“一个人如果爱好收藏，他就会感到很快乐。”

女儿有些怀疑地看着爸爸，说：“是吗？那应该收藏一些什么呢？”

爸爸说：“什么都可以，比如你喜欢画画，那就可以收藏各种美术作品。”

女儿说：“那很容易，我会收集好多好多画片的。”

谁知，爸爸却说：“‘收’容易，‘藏’就不容易了。”

女儿有些纳闷了：“怎么不容易？”

爸爸说：“‘藏’就是会分门别类，就是要学会条理化。”

然后，爸爸就给女儿介绍了国际上流行的一种藏书条理化的“资料十进分类法”。这个分类法就是把所有的资料由粗到细分成类、纲、项、目四个层次，每一层次以0到9为记号分成10等份。于是，全部资料便可分为10类、100纲、1000项、10,000目。

爸爸告诉女儿，“类”代表知识体系，“纲”代表专门知识，“项”代表专业，“目”代表形式。如知识可分成10类：A.哲学；B.历史；C.社会科学；D.自然科学；E.工程、技术；F.产业；G.艺术；H.语言学；I.文学；J.总类（即不包含在以上九类之内者）……

在爸爸的指导下，女儿把自己的图书分门别类地整理了一下，而且把经常要使用的书放在比较醒目的地方，把暂时不看的书放在其他地方。这样，她就做到心中有数，在寻找图书的时候非常方便。

更重要的是，女儿在爸爸的指导下学会了做事有条理，她开始注重自己安排事情，比如，书包整理得非常有条理，语文课本、数学课本都是按顺序摆放的，只要把手伸进书包摸到第几本书就知道是什么，再也不用拼命翻书包了。

培养孩子做事有条理是一个漫长的过程，只要父母坚持要求，反复强化，不断激励并加以督促引导，就能使孩子养成做事有条理的好习惯。

让孩子严格执行计划

制定了计划不去执行，等于没有计划，甚至比没有计划更糟糕。因为这样很可能让孩子养成一种不好的习惯，缺乏执行计划的行动力。这就需要父母监督孩子执行。

吴涛是一名小学三年级的学生。每周日，爸爸都会监督并帮助他制定出一周的计划。可是，计划制定出来之后，吴涛总是由于种种原因不能落实。这让爸爸很是郁闷。

爸爸决心帮孩子改正这一不良习惯。这天晚上，爸爸和吴涛进行了一次深刻的谈话。爸爸告诉他制定计划的目的就是落实计划，计划制定了没有落实，等于没有制定。如果这样的问题出现在工作上，是非常严重的失误。同时，爸爸还要求吴涛把计划进一步细化、量化，分解到每一天、每一个小时。在计划的时间内完成最好，如果不能完成，要有惩罚措施；如果提前完成，剩下的时间就可以自由支配，而且还有奖励。每天晚上，爸爸都要抽出时间对吴涛的计划落实情况进行检查。如果计划全部落实，就加以表扬，零用钱如数发放；如果有计划没有落实，扣发一天零用钱。

爸爸说到做到，每天吴涛一放学，爸爸就拿出一天的计划表，逐项进行检查。没有落实的，除了扣零用钱之外，还责令在不影响当天计划落实的情况下把前一天未完成的补上。这样就要求吴涛做事情要努力一次就做好，不能应付了事。现在吴涛对于时间的安排越来越科学，学习和做事的效率明显提高。

经过一个多月的监督，吴涛不能落实计划的坏毛病改掉了。以前，他做作业要做到夜里12点多，严格落实计划之后，不到10点就做完了，而且做得又快又好。通过严格落实计划，吴涛也增强了时间观念、任务感和责任感。

在日常生活中，父母要向孩子强调计划的重要性，并给孩子的各项行为制定一些计划。计划制定后就不要轻易改变，关键是落实。要求孩子严格按照计划执行，并且长期坚持下去，要尽量讲清楚为什么这样做的道理，使孩子愿意遵守规范，乐于执行有关要求。长此以往，不仅能培养良好的做事习惯，还能培养孩子做事坚持到底的意志品质。

鼓励孩子凡事要坚持不懈

坚持是成功的重要保证。不论做什么事，如不坚持到底，半途而废，那么再简单的事也只能功亏一篑；相反，只要抱着锲而不舍、持之以恒的精神，再难办的事情也会迎刃而解。

法国伟大的启蒙思想家布封曾经说过："天才就是长期的坚持不懈。"我国著名的数学家华罗庚也曾说："做学问，做研究工作，必须持之以恒。"的确，我们干什么事，要取得成功，坚持不懈的毅力和持之以恒的精神是必不可少的。

持之以恒的品质对一个人的成长和发展起着相当大的作用。法国微生物学家巴斯德说："告诉你使我达到目标的奥秘吧，我唯一的力量就是我的坚持精神。"的确，坚持就是胜利，但现实生活中，不少孩子做事没有恒心，缺乏持久性，常常半途而废。例如，原本计划在每天早上跑步半个小时，刚开始还能坚持，等到再过一段时间就放弃了；在课堂上听课，只能在前二十分钟专心，后二十分钟就无法继续坚持；在每一个新学期开始时，为自己制定一个学习计划。最初几天还能完全按照计划学习，到后来却渐渐松懈，最后甚至完全舍弃了原定的学习计划。写作文的时候，通常前几段文字书写得非常工整，到后面就渐渐变得潦草凌乱，以致成了无人能识的"天书"……缺乏坚持性是很多孩子的通病，这不得不引起家长的重视。毋庸置疑，培养孩子坚持不懈的意志品质应该从小做起。

一个少年作家，她的书在社会上反响非常好，记者问她怎么成为作家的，怎么出了四本书，100多万字的作品。她说："我没什么特殊的秘诀，就是坚持下去了。上小学一年级的时候，老师要求学生坚持每天写作文、读书，我就认准了这个理，一直坚持到我写完第四本书。现在每天坚持读一个小时的课外书，文学的、历史的、人物的、哲学的，不管时间多忙，一定坚持一个小时，每天坚持写800字以上的日记和随笔。"

所谓"不积跬步，无以至千里；不积小流，无以成江海"，培养孩子持之以恒的韧性，对孩子今后的人生道路有很大的影响。拥有良好坚持性的孩子更容易成长为一个独立自主、有毅力、有恒心、自信、乐观、社会适应能力强的人。因此，父母一定要对孩子的坚持力进行训练，当然也需要父母的坚持力才能培养出孩子的坚持力。

让孩子懂得坚持不懈的重要性

常言道：贵在坚持。父母应经常告诉孩子，天下无难事只怕有心人，坚持就是胜利，坚持就能成功。对孩子坚持做事的习惯，家长应给予及时鼓励，要求并督促孩子将每一件事情做完。

一天下午，小华看到小区广场上有很多孩子在玩轮滑，于是便央求爸爸也给他买一双轮滑鞋。爸爸想：轮滑既能锻炼身体，也能丰富孩子的业余生活，就愉快地答应了。第二天，轮滑鞋买来了。小华由于第一次玩，不小心摔了一跤，认为在众人面前丢了脸，就打算放弃了。

回到家后，爸爸摆弄着被弃置不用的轮滑鞋，无意中发现这个鞋能伸缩，就兴奋地对儿子说："儿子，这鞋真好，还能伸缩，我也试试能不能穿上！"爸爸把轮滑鞋调整到最大，果然能穿上。由于爸爸也不会滑轮滑，扶着沙发摇摇晃晃站起来了，还没等站稳就滑倒了。小华见状乐得合不拢嘴，爸爸想教育孩子的机会来了，就对小华说：“没掌握轮滑的技巧，摔倒是很正常的，但我会坚持学习，相信一定会滑得很好！明天咱俩就去广场练习怎么样？”小华很愉快地答应了。每天晚上，爸爸都和小华练习轮滑，虽然小华还在不停摔倒，但在爸爸的鼓励下慢慢掌握了轮滑的技巧，小华还是坚持了下来。现在，小华已然成为一个轮滑高手了。

孩子是否能够坚持，关键因素来自于父母的引导和坚持。每个人都有自己的优缺点，孩子是脆弱的个体，做事情更容易中途退缩，父母切忌唠叨个没完，或者张口就骂，动手就打，更不要讽刺、挖苦，这样做很容易使孩子产生逆反心理，甚至伤害其自尊心。

为孩子做出表率

有句俗话：“上梁不正下梁歪。”如果想培养孩子持之以恒的韧劲，那么上梁必须正。父母必须以身作则，无论处理什么事情，都要认真、圆满地完成，做孩子的表率。很难想象，一个三天打鱼两天晒网的家长会培养出一个有恒心的孩子。孩子养不成坚持的习惯，多数是因为家长做事也是虎头蛇尾，所以要想孩子学会坚持，家长要以身作则，要有坚持性。父母做事的态度很大程度上影响着孩子做事的态度。如果父母今天要求孩子学习绘画半个小时，明天自己忘了没有要求孩子练习绘画，后天又有什么事给耽误了而不管孩子当天有没有练习，这样培养孩子的毅力就变成一句空话。

及时鼓励孩子

有一次，正楷从电视上看到了踩高跷表演，对此产生了浓厚的兴趣，央求爸爸给他买高跷。爸爸于是就到市场上买了一副。

爸爸让正楷坐在椅子上，很认真地给他绑好了高跷："好了，站起来吧！"正楷兴奋地想站起来，可是刚一起来，却又坐在了椅子上。

"怎么了？怎么不站起来？"爸爸问他。

"我怕摔倒。"正楷回答爸爸。

"没关系，站起来，往前走。"爸爸说。

正楷鼓起勇气，晃晃悠悠地站了起来，可是刚迈了一步，就立足不稳，摔了一跤。正楷的脸上顿时没有了刚开始时兴奋的表情，取而代之的是一脸恐惧。

"摔跤没什么的，不管是谁，刚开始学的时候都要摔跤，不摔跤是学不会的。来，再试一次！"爸爸鼓励道。

"不用怕，爸爸小时候也是这样学的，鼓起勇气，一会儿就学会了，继续！"正楷虽然很害怕，但还是默默地点了点头。

"脚下要动起来，看着前方，别害怕。"

就这样，在爸爸一次次的鼓励下，正楷终于学会了踩高跷。

当孩子做事情有半途而废的想法时，父母要帮助他们克服困难，对于他们的点滴进步要及时予以鼓励、表扬，使他们产生愉悦感和自信心，从而使孩子树立坚持完成任务的决心。

克服拖拖拉拉的做事习惯

生活中，我们每个人都会拖拉。做一件很重要的事或去见一个很重要的人的时候，因为紧张而拖拉；在去面对自己不愿意面对的事情的时候，因为抗拒而拖拉；在不确定自己是否把工作做得尽量好的时候，因为过于追求完美而拖拉……而有些人，因为总是拖拉，结果拖拉成了他一生的习惯。

拖拉的恶习，并不是天生就有，而是在后天的环境中逐渐形成的。如果孩子一旦养成这种做事拖拉的恶习，不仅会导致孩子学习不积极，还会成为孩子以后成长的绊脚石。

早上六点钟，妈妈叫冯凯起床，到了六点二十，冯凯才只穿好一件上衣，而妈妈已经准备好了早餐。为了避免孩子上学迟到，妈妈赶快走到孩子的床前，帮孩子快速地穿好衣服，然后给孩子挤好牙膏，倒上洗脸水，让孩子刷牙洗脸。

六点四十分，开始吃饭了，冯凯拿着一块面包，咬一口后看见了旁边的玩具，就离开饭桌拿着玩具玩了起来，妈妈急忙把他拉到桌边吃饭，但一块面包冯凯整整吃了十五分钟。妈妈眼看着孩子要迟到了，就只好把早餐奶放进孩子的书包里，急忙去送孩子上学，而此时，刚好敲响了上课的铃声。

冯凯的妈妈松了一口气，但孩子处处磨蹭的生活实在让她感到很累，担心孩子长大后做事情还快不起来，跟不上时代的步伐。

生活中，相信很多父母都遇到过这样的情形：孩子起床后磨磨蹭蹭，没有时间观念，父母在一边干着急，孩子却无动于衷、我行我素。遇到这种情况，有的父母干脆代劳，替孩子完成分内的事情，性子急的父母就强行执行自己的意志，甚至和孩子产生冲突。久而久之，这种做法就容易造成孩子的被动型人格，影响孩子心理的健康发展。

磨蹭、拖拉对孩子的危害很大，它会消磨孩子的意志和进取心，让孩子变得懒惰、颓废、得过且过，这样就容易导致失败，而这个失败的结果又会使孩子情绪消极，容易出现身心疾病，从而更加不想立即行动。在这样的恶性循环中，成功也会远离孩子。

孩子做事拖拉，多源于家庭教育环境的影响和良好教育方式的缺失。对于做事拖拉的孩子，不少家长总是心急如焚，一味地批评甚至打骂绝对不是好方法，孩子的慢性子并不是天生的，所以我们一定要对症下药，用耐心和爱心帮助孩子逐步改正，不要操之过急，要注意总结方式方法，不断提高孩子的速度，进而帮孩子改掉拖拉的坏习惯。

制定作息时间表

父母可以和孩子一起制定一个作息时间表，最好是具体到细节，比如什么时间起床，洗漱需要多长时间，吃饭需要多长时间，放学后做作业和看电视多长时间，几点休息等，都要严格制定，这样会对孩子起到约束和监管的作用。对时间管理越严越细，效率越高。

小媛是个爱磨蹭的孩子，做事非常慢。由于这个不好的习惯，她上学经常迟到，早晨在家被父母训斥，到学校后被老师批评。而且，根据老师的反映，她上课写字特别慢，眼睛看着课本，就是不写，要么摆弄铅笔，要么摆弄橡皮，10分钟过去了，她还一个字没写。

为了帮助女儿改掉拖拉的恶习，妈妈和小媛一起制定了一张作息时间表，上面列举了一天的时间安排，如6：30起床，6：45洗漱，7：00吃早点，7：30上学……21：00睡觉，内容很细致。同时还订立了一个互相监督计划，小媛监督妈妈，妈妈监督小媛，爸爸做裁判。这样做了一段时间以后，小媛做事速度明显加快。现在她还学会了根据时间和情况的紧急程度来调节做事速度，基本上有了初步合理把握时间的能力，迟到、写不完作业的现象几乎绝迹。

看来，为了克服孩子磨蹭这个习惯，家长必须从不同角度着手，从自己孩子的实际出发，制定一些改正方案。做什么事情，需要多长时间，事先都做好假定，在假设的时间以内(当然能够越快越好)保证质量地完成。如果家长能够与孩子一起进行，会收到更好的成效。

与孩子开展速度的比赛

孩子做事情速度慢，比如走路磨蹭，父母可以利用孩子的好胜心理，经常与孩子比赛谁走路快。孩子们一般都喜欢这样的游戏，就会提高速度与父母比赛。父母再使用一些策略，偶尔输给孩子几次，就能提高孩子的积极性，使孩子比赛的劲头更足，孩子走路速度也会随之提高。

小龙整天做事慢慢腾腾，为了克服孩子磨蹭的毛病，爸爸在家里引进了竞争机制。许多事情都搞比赛，这样小龙做起事情来感兴趣了，也快多了。比如，他请同学们到家里玩，爸爸就让他们比赛写作业，看谁写得又快又好；在早晨起床的时候，小龙和爸爸比赛看谁穿衣服快，还比赛谁刷牙快、谁洗澡快、谁背课文快等，这样不仅慢慢改掉了他磨蹭的习惯，还通过胜负交替，锻炼了他的心智，提高了他对事情的灵敏度。现在，小龙渐渐适应了快节奏做事的习惯。

孩子都喜欢比赛，喜欢当第一。经常与孩子搞一些小比赛，如比赛洗脸、穿衣、收拾玩具等，使他们在比赛中提高做事的速度，这时孩子会很高兴地赶紧把事情做完。

让孩子为磨蹭付出代价

一个人应当承受他的行为引起的后果，从而调整自己的行为方式。孩子磨蹭，就让他体验磨蹭的后果，认识磨蹭的害处。

张海龙是个爱睡懒觉、做事磨蹭的孩子，每天早晨，妈妈叫一次不起，叫两次还不起，等到叫第三遍的时候才慢腾腾地起来，一看表，才知道时间不早了，就哭闹着让父母帮忙。

一个星期一的早上，妈妈叫了张海龙一遍，就不再理会他了，过了一会儿，张海龙自己爬起来，一看早就迟到了。但这次妈妈和爸爸商量好了，他们谁都没帮忙，张海龙只好自己胡乱把书本往书包里一塞，就狂奔着上学去了。可想而知，最后还是迟到了，还没带家庭作业，让老师狠狠地训了一顿。从此以后，张海龙动作快了许多，也不再睡懒觉了。

可见，孩子只有在体会到磨蹭会给自己带来损失之后，他才能够自觉地快起来，因此，让孩子为自己的磨蹭付出代价，让孩子自己去品尝磨蹭的后果，不失为一个改掉孩子磨蹭毛病的好方法。

让孩子做事有责任感

所谓责任感，是一个人对他所承担的任务的自觉态度，包括对自己的责任、对他人的责任、对集体的责任和对社会的责任。

责任感是人自主意识的表现，是干好一切事情的内在动力。在美国素有“领导人教父”之称的丹尼尔·韦特利博士，曾告诫天下父母，早让孩子承担责任。丹尼尔·韦特利博士曾担任美国阿波罗计划的模拟培训师，是美国电话电报公司和戴尔、通用汽车等多家大企业的顾问，并先后为这些企业的高层领导开设过150多场主题为“提高领导力”的讲座。他在一次讨论会上说：“父母最需要给予孩子的不是金钱而是教会他们如何正确地生活，负责任地工作。”他说，只有从小就具有责任意识，孩子将来才能成为一个对自己的行为负责，对组织、社会尽职的人，而这一点是一个领导者必备的素质。

一个有责任感的孩子常能做到自觉、自爱、自立、自强，对自己、对他人都有一份责任感。责任感的培养有助于孩子理解、体谅他人，养成合群的好习惯。一个有责任感的孩子必定是一个懂事的孩子，将来也必能取得不平凡的成绩。可以说，责任感是一个人走向成功和拥有幸福人生的必备条件。

责任感是一种道德素质和能力要素，它影响孩子的学习和智力的开发，同时，它也是一个人以后能够立足于社会，获得事业成功、家庭幸福的至关重要的人格品质。

现在许多父母注重孩子的智力开发、才艺培养，却往往忽视了对其责任感的关注，这对孩子的成长成才不利。

责任感是孩子健全人格的基础，是能力发展的催化剂。在大力提倡素质教育的今天，家长应用自己的爱心、耐心和智慧去培养孩子的责任感。美国品德教育联合会主席小强唐纳曾说：“能力不足，责任可补；责任不够，能力无法补；能力有限，责任无限。”对孩子进行责任意识和责任感的教育就是让孩子学会对自己负责，对他人负责，从而对社会负责。

一位外国妈妈带着八岁的女儿到中国朋友家里来做客。女主人对外国友人的到来非常重视，特别学习了西餐的做法。她对外国母女说：“今天我做西餐给你们吃，你们尝尝中国人做的西餐味道好不好。”

八岁的女孩听女主人说要给她们做西餐，心想：中国人做西餐肯定不好吃。于是，当女主人问她吃不吃的时候，小女孩坚定地回答：“我不吃。”

等女主人把西餐端上来的时候，小女孩一眼就看到了漂亮的冰激凌。这么好看的冰激凌味道肯定很好！小女孩有点迫不及待地对妈妈说：“妈妈，我要吃冰激凌。”

女主人很高兴小女孩能够喜欢自己做的冰激凌，就高兴地把冰激凌端到小女孩面前，说：“来，吃吧！”

谁知，女孩的妈妈严肃地对女主人说：“不行，我女儿说过她不吃西餐，她得为自己所说过的话负责，今天她不能吃冰激凌！”

女儿着急地哭起来：“妈妈，我就想吃冰激凌！”但是，女孩的妈妈根本不为所动，只是对女儿淡淡地说：“你得为自己说的话负责。”

女主人看着这个场面，觉得女孩的妈妈也太认真了，就说：“给她吃吧，孩子总是这样的。”

女孩的妈妈正色对女主人说：“亲爱的，我们要培养孩子的责任感。”结果，无论女孩怎么哭闹，妈妈就是不同意让她吃冰激凌。

孩子处于成长之中，对一些事情往往没有责任感，因为许多时候他们不知道责任是什么，所以为了培养孩子的责任感，家长可以适当地让孩子品尝一下办事情不负责任的后果，教孩子如何去面对并接受这次失败的教训，从中获得成长。

培养孩子的责任感不是一朝一夕的事，是一个漫长的过程。父母必须高度重视，从小做起，从小事做起，让孩子在有责任感的氛围下快乐成长，在潜移默化中得到责任感的培养，养成良好的责任意识，从而培养孩子健康的人格。

多给孩子承担责任的机会

孩子是在体验中长大的，多让孩子承担一些责任，是培养孩子责任感的最佳途径。在孩子成长的过程中，家长要适时给孩子加担子，明确他所要承担的责任。

有一位母亲要带12岁的儿子去游乐场，出家门的时候，父亲嘱咐："儿子，你已经是一个小男子汉了，替爸爸照顾好妈妈，记得把妈妈带回家呀。"一路上，儿子一直紧紧牵着妈妈的手，还时不时地问妈妈是否口渴。他认为，他的责任就是要把妈妈照顾好，把妈妈平安带回家。

孩子的责任感只有在反复的实践中才能逐步形成。因此，家长要给孩子机会，让他对家庭、父母、家人承担一些责任。生活中，家长要敢于给孩子委以"重任"，让孩子感到自己在家中的重要性。别总是认为孩子还很小，做不了，做不好，每一个小的地方，家长都不应放过，更不能怀着"大事化小，小事化了"的心理。对于孩子力所能及的事，创造条件有意识地锻炼孩子，让孩子学着负责任。只有多为孩子提供实践的机会，孩子才能逐渐提高自身的责任意识，孩子通过做事就会得到对"责任"的一种宝贵的心理体验，这样的心理体验多了，孩子的责任意识自然得到强化和提高。

让孩子为自己的过失负责

自己的行为就要自己负责。这个观念的树立，对成长中的孩子有重要影响。所谓"吃一堑、长一智"，只有吃到了自己不负责任的苦头，孩子以后才会多长点记性。留下的印象越深刻，孩子就会越提高警惕。久而久之，孩子就会逐渐拥有高度的责任感。

没有惩罚的教育是不完整的教育，是一种虚弱的教育、不负责任的教育。当孩子犯了错误时给以适度的惩罚，让其以自己的行动弥补过失，就会达到自食其果的教育目的，使其记住教训，懂得对自己的过失负责，以养成可贵的责任感。

父母言传身教

帮助孩子树立责任感的最好方法，就是家长用自己的行动为孩子树立榜样。

有一天晚饭后，父亲带着儿子去公园散步，忽然发现前面的地上有一个被丢弃的饮料瓶，强烈的责任感使父亲不由自主地捡起来，然后扔进了附近的一个垃圾箱里。儿子问父亲为什么要这样做，父亲说，良好的环境需要大家共同来维护，我们每个人都有责任这么做。听了父亲的话，儿子略有所悟。以后，每当在公共场所见到别人丢弃的废纸或饮料瓶，他都会主动捡起来，扔进垃圾箱内。

可见，家长自身对家庭、对社会的责任感如何，对孩子来说是一面镜子，父母的责任感水平可以折射出孩子的责任感。一个对家庭、社会毫无责任感的父母，不可能培养出有责任感的孩子。父母在生活中所表现的责任感的强弱，是孩子最先获得的责任感体验。所以说，父母只有在生活中严于律己，给孩子做好表率，才能更好地去影响和教育孩子。

让孩子学会合作

现代社会是一个讲究双赢的社会，人与人之间的合作是必不可少的。孩子进入社会后，在与人相处的过程中，最需要的其实就是合作能力。

有人曾经问一位日本小学校长："您办学最注重什么？"

这位小学校长回答："教育孩子理解别人，与其他人合作。在现在社会，如果不能相互理解和合作，知识再多也没用。"

这位校长的话告诉我们，合作意识和合作能力是孩子的一项重要素质。

现代社会对人才的要求越来越高，不仅要求要有较高的素质、能力，更要求具有良好合作性，能善于与人合作。而现如今的孩子以独生子女居多，他们不会合作的现象相当突出，合作水平参差不齐，所以培养孩子的合作行为是家庭教育必不可缺少的一项内容。

我国著名教育家陶行知先生说："教育的责任不是教，而是教学生学。"孩子就像一块海绵，只要你将他投入适当的学习氛围中，给他以适当地点拨，他就会把团队合作精神融入自身的品质之中，而这些，将让孩子终身受益。

一位老师在讲授"竞争与合作"一课时，让孩子们做了一个游戏。老师在讲台上放了三个啤酒瓶，每个酒瓶里面放入两个比瓶口略小的玻璃球，这两个玻璃球都是用绳子拴住的。然后，老师请了六位同学进行游戏。六位同学分成三组，每两人为一组。他们每人抓住一条绳子，当老师喊开始的时候，每个人必须在三秒钟内以最快的速度将玻璃球拉出来。老师刚喊"开始"，三组同学都行动起来。但是，三组结果却是不一样的。第一组的两个同学都想自己先拉出玻璃球，两人都拼命拉绳子，结果绳子被拉断了，两个玻璃球还是留在酒瓶中。第二组的两个同学也想自己先拉出玻璃球，但是，他们不如第一组的同学那样使劲，结果，两人没有把玻璃球拉出来，却把酒瓶子拉起来了。第三组同学在规定的三秒钟内，一前一后地把两个玻璃球拉出了酒瓶。老师问他们为什么会成功。其中一位同学是这样说的："我考虑到玻璃球的直径比瓶口只小一点点，如果两人同时拉起，必然会卡在瓶口而无法出来。所以我想让他先把玻璃球拉出来，然后我也就可以顺利地把玻璃球拉出来了。"这位同学深深懂得合作的重要性。

学会合作是孩子进入社会，成为未来主人应具备的基本技能，也是促进孩子社会化的一个基本途径。从小加强孩子群体性与社会性的教育，培养他们主动交往、协同合作的团体意识和与人沟通、和睦相处、共同生活的社会能力是时代发展的必然要求。欧洲著名的心理分析家A · 阿德勒认为：假使一个儿童未曾学会合作之道，他必定会走向孤僻之途，并产生牢固的自卑情绪，严重影响他一生的发展。所以父母要多引导孩子，帮助孩子树立合作意识。

合作是人类社会赖以生存和发展的重要组成部分，在未来社会，只有能与人合作的人，才能获得生存的空间，也只有善于合作的人才能赢得发展。一个懂得合作的孩子，成年后会很快适应社会并发挥积极作用，而不懂合作的孩子在生活中将会遇到很多麻烦和挫折。懂得合作、善于合作、乐意合作的孩子一般都拥有良好的人际关系，在各种场合都能与他人和睦相处。因此，家长要教会孩子如何与人合作共事。

让孩子知道合作的重要性

让孩子认识到合作的重要性，有利于孩子养成一种协商合作的行为。家长必须在潜移默化中帮助孩子确立正确的合作意识，使他们懂得，每个人都是群体中的一员，是平等的，遇到矛盾或困难，只要大家齐心协力就一定能解决它、战胜它。

16岁的郑爽以优异的成绩升入省重点高中，开始了寄宿生活。可是开学不到一个月，他便向爸爸提出转学的想法。爸爸再三追问，可是他一脸不耐烦的表情，闭口不答。

于是，爸爸去学校了解了一下情况。老师向爸爸反映，郑爽的学习成绩很好，但是凡事都太争强好胜，太以自我为中心。一次，郑爽和同学一起参加演讲比赛，获得了团体第二名，可是奖状只有一张，两人互相争夺。最后，郑爽一怒之下竟然把奖状撕了，说谁也别想要。平时，他和宿舍其他5个人相处也有很多小矛盾。久而久之，他不受同学欢迎，变成了“独行侠”。

了解儿子的这些情况后，爸爸开展了一连串的行动，让他认识到合作的重要性。

周末，爸爸带郑爽参加了一次拓展训练营。活动期间，父子二人完成一些只有靠大家共同努力才能完成的任务，活动也都很有意思，郑爽玩得很兴奋。当教练讲评每一次活动胜利的根源都在于彼此信任、支持、互助时，有了切身体验的郑爽频频点头。

在回家的路上，爸爸还趁热打铁地聊起了篮球，说一个再棒的球员，如果没有人传球给他，也不能取胜。如果每个人都想当英雄，没有团队意识，那就绝没有球队的胜利。郑爽听了，若有所思地点了点头。

成功的合作可以让孩子获得良好的体验，这种体验能够带给孩子无穷的快乐，进而培养孩子的合作意识，并使得孩子有意识地主动去与他人开展合作。在生活中，父母可以让孩子多玩一些合作性较强的体育活动和游戏，如足球、篮球、跳皮筋、跳绳等，既有团体之间的对抗与竞争，更有团队内部的合作，这些都非常有利于孩子合作能力和团队精神的培养。

让孩子学会欣赏他人

只有能够真诚地欣赏他人的长处，孩子才能从内心深处真正愿意接受别人。只有相互认识到对方的长处，欣赏对方的长处，合作才会有真正的动力和基础。因此，父母要经常给孩子灌输这样一种思想：任何人都有自己的长处，任何人都要学会真诚地欣赏他人。当他认识到每个人都有缺点，也都有优点时，他的心态就比较平和，不会刻意地挑别人的毛病，也不会拒不接受别人对自己的批评。

父母可以通过故事并结合自己的言行让孩子逐渐地明白每个人都各有所长、各有所短。比如一本好的书就是由作者、画家和设计师通过合作之后的结晶。让孩子明白，不要忌妒或是轻视别人的长处，也不要对自己失去信心，而是善于利用彼此的长处，从而达到共同的目标，实现双赢。

教给孩子与他人协商的技能

人的合作意识不是天生就有的，而是在合作的过程中逐渐萌发并得到强化的，而合作技能的高低直接影响合作的进展和结果。孩子与同伴之间有许多矛盾的发生都是因为缺乏一定的合作技能。比如两个孩子都在玩过家家，而小锅子只有一个，谁都想要，就很容易发生纠纷。此时，如果父母能进行及时引导，教孩子掌握一些协商的技能，比如两人可以轮着玩，或者两人分配角色，一个烧饭另一个出去买菜等，孩子就会从中体验到合作成功的快乐和满足，从而激发孩子进一步合作的兴趣和动机。怎样运用适当的语言与人沟通，怎样进行条件交换，怎样对别人表达愿望和好感，怎样推荐自己，怎样拒绝别人不合理的要求，等等，这些技能都需要父母在日常生活中结合情境教给孩子。

第七章 放手去爱，让孩子做自己的小主人

随着生活水平的提高，父母都希望自己的孩子享受最好的生活，总是不断地为孩子铺路；不断地为孩子做决定；不断地为孩子解决问题。这种看似对于孩子的一种关爱，其实是一种伤害。随着孩子年龄的不断增长，父母是不可能随时随地陪在他身边的，许多事情都需要他们独自去面对、去解决。因此，家长要学会放手去爱，给孩子一片自由、自主的成长天空。

引导孩子学会驾驭自己的情绪

控制自己情绪和行为的能力是衡量一个人心理健康的重要标志。善于控制和调节自己的情绪，不仅有助于建立良好的人际关系，培养健全的人格，而且也是社会性成熟的一个重要标志。

情绪是指人们对客观事物所持态度产生的内心体验，在面对一些烦琐的事情时，人都容易产生焦躁不安，或者悲观，或者焦虑，或者沮丧，或者愤怒……这些都是情绪的一种表现。

控制自己的情绪，不是一件容易的事。现实中，有人仅仅因一些小事不能控制自己，而做出过激行为，甚至违法犯罪。我们要记住这些教训，让孩子从小学就会控制自己的情绪。

史蒂芬是英国中部城镇奥尔德姆的一名警察。一天晚上，他身着便装来到市中心的一间食杂店门前，他准备到店里买包香烟。这时，店门外一个流浪汉向他要烟抽，史蒂芬说他正要去买烟。流浪汉认为史蒂芬买了烟后会给他一支。

当史蒂芬从食杂店买完烟出来后，喝了不少酒的流浪汉再一次缠着他索要香烟。史蒂芬感到很反感，没有给他，于是两人发生了口角。随着互相谩骂和嘲讽的升级，两人情绪逐渐激动起来。史蒂芬掏出了警官证和手铐，说：“如果你不放老实点，我就给你一些颜色看。”流浪汉反唇相讥：“你这个浑蛋警察，你有什么了不起的，看你能把我怎么样！”在言语的刺激下，两人扭打成一团。旁边的人赶紧将两人分开，劝他们不要为一支香烟而发那么大火。

被劝开后的流浪汉骂骂咧咧地向附近一条小路走去，他边走边喊：“自以为是的臭警察，有本事你来抓我呀！”此时，失去理智、愤怒不已的史蒂芬拔出枪，冲了过去，朝流浪汉连开四枪，那个流浪汉倒在了血泊中……

法庭以“故意杀人罪”对史蒂芬做出判决，他将服刑30年。

一个人死了，一个人坐了牢，起因是一支香烟，罪魁祸首是失控的情绪。抑制不住情绪的人，往往伤人又伤己。所以，学会控制自己的情绪，对于每个人而言都是相当重要的，它是我们成功的前提，更是我们身心健康的保证。

人都有七情六欲，情绪的控制对成人来说尚且不易，对孩子来说就更难了。在孩子成长的道路上，最大的敌人其实并不是别人，而是自己，他们缺乏对自己情绪的控制。愤怒时，不能遏制怒火，使周围的合作者望而却步；消沉时，沉浸于萎靡中，把许多稍纵即逝的机会白白浪费掉。美国著名心理学教授丹尼尔·戈尔曼说：“一个人在社会上要获得成功，起主要作用的不是智力因素而是情绪因素，前者只占20%，而后者占80%。”一个人的成败深受情绪影响。只有让孩子具备积极的动力情绪，他们才能愉快学习、乐于奉献，从而愿意并且能够为自己所处的团队贡献才智，取得成绩，同时在这个平台上自我成长。

赵凯是一名大三的学生，好多年幼时经历的事情已经忘记了，但在他九岁那年发生的一件事却一直令他记忆犹新：那年的一个周末，他和朋友约好去郊外远足，但父母却说什么也不同意他去。赵凯感到十分愤怒，他跑回自己的房间，捏紧拳头在墙壁上猛击。他一面哭一面打，双拳血肉模糊都没感觉到。任何人的劝说，他都听不进去。最后，他父亲气得揍了他一顿。后来，母亲一声不吭地进来给他涂止痛药，并包扎好，但是，母亲始终也没说一句安慰他的话。于是，又恨又怒的赵凯又倒在床上大哭了半个多小时。直到他心态平和后，母亲才进来对他说："能控制自己情绪的人就能掌握自己的命运。发怒本身就是一种自我伤害，而且对事情的解决是于事无补的，需要好好克服。"

就这样，母亲对他所说的话就深深地印在了赵凯的心中。虽然现在他已经成年了，懂得了许多道理，但只要一回想起那时的事情，他就觉得母亲那次对自己的谈话是这一辈子最值得珍惜的谈话。

情绪控制是一个人人都必须掌握的很重要的能力，孩子随着年龄的增长，应该对自己的情绪学会收放自如，情绪控制不好会影响孩子的注意力、人际交往和性格，最终会影响孩子的生活质量。有研究表明，儿童时期具有的情绪调节能力，是他们以后生活中能否成功、是否快乐的最好预示。

在社会生活中，情绪在社会互动中起着关键的作用。只有帮助孩子更好地理解情绪、适当调节和控制情绪，他们才能更好地适应社会生活。亚里士多德说过："任何人都会生气，这没什么难的，但要能适时适度，以适当方式对适当的对象恰如其分地生气，可就难上加难了。"情绪管理是一种能力，也是一种智慧。指导孩子学会管理情绪，就是帮助孩子健康地成长。

父母首先要反省自己的情绪表达方式

要使孩子养成良好的情绪表达习惯，父母首先应对自己的情绪表达方式进行反省，因为父母的榜样作用会在很大程度上影响孩子。生活中，有些家长心情好时，就对孩子溺爱得要命；而一旦心情糟糕，看见孩子就觉得不顺眼，少不了训斥打骂。这样一紧一松的家庭教育方式很不正确。

父母情绪的起伏变化直接作用于孩子，这会使孩子不能很好地控制自己的情绪，在成人之后，情绪也会起伏不定，忽冷忽热，有可能养成粗暴待人等不良习惯，这会对孩子的未来造成消极影响，不利于孩子以后的生活和事业。因此，父母要对自己的情绪表达方式进行反省。

教会孩子适当宣泄不良情绪

孩子有时候也会生气、愤怒。这个时候，家长就应该帮孩子疏导，让孩子把心里的愤怒合理地抒发出来。持续地控制他的愤怒，把它压在心底，对健康没有好处，让他知道生气是正常的，帮助他学习用适当的方法对付它。

周晓娜的妈妈曾有过这样的经历：

周晓娜八岁那年，在重复性的书写练习中感到越来越烦躁，妈妈在一旁的催促更加深了她的负面情绪，结果，她停下来，在纸上用粗线笔画了一个怒发冲冠的女人，又在一旁画了一个泪雨滂沱的小女孩，然后写下“我很烦”几个字。妈妈忍住了训斥女儿的冲动，在一刹那，她预感到让女儿宣泻出愤懑情绪比憋在心里要好。于是，她开玩笑地指着那位怒发冲冠的女人说：“这个是我吗？哦，画得还真像。”这句评论不仅成功地达成了两人间的和平，也让小女孩的注意力从自己的郁闷中转移了出来。从此以后，妈妈专门在家中开辟了一块“涂鸦角”——买了块纤维板，专供周晓娜张贴涂鸦作品。

孩子是正在成长中的独立个体，他的心智还没有完全成熟，他没有那么多心力来承担成人的喜乐哀愁。所以，当家长发现孩子有不良的情绪时，不要单纯地想着如何制止它，而要想着如何改变它，如何教会孩子正确地宣泄不良情绪。父母要以安慰的言辞和关爱对孩子施予同理心，帮助孩子发泄他们的情绪，辅导孩子进行情绪调整，如冷处理、设法转移孩子注意力等。同时家长也应帮助孩子学习主动自觉地控制情绪。

让孩子用积极的心态控制情绪

桌上有半杯水，不同的人看到这半杯水会有不同的反应，有人会说："渴死了！怎么只剩半杯水？"而有的人却会说："渴死了，还好，还有半杯水。"为什么人的情绪差异会如此之大？其实，这是想法控制了我们的情绪。当遇到同一件事，不同的人会有不同的想法，而不同的想法会引起不同的情绪反应。合理的想法使我们产生积极情绪，而不合理的想法则会导致消极情绪。所以，家长要培养孩子拥有积极的心态，做情绪的主人，驾驭和把握自己的情绪方向，并且利用积极心态来调节情绪。

林婷是一个多愁善感的小女孩。一次，她不小心把姑姑送给她的手表丢了，那是她最心爱的手表，因此她非常伤心。丢表后，林婷几天都无精打采、情绪不佳，看谁都有点儿不顺眼，因此总是乱发脾气，结果没几天就病倒了。

后来，姑姑来看望林婷。得知她生病的真正原因后，姑姑拉着林婷的手，亲切地对她说："傻丫头，如果你损失了100元钱，那你还会损失200元吗？"林婷有气无力地说："当然不会了。"她不解地看着姑姑，不明白姑姑为什么会问她这样的问题。

"这就对了。你看，你只不过丢失了一块手表，可是你一连好几天都不开心，结果卧病在床。你丢的不仅仅是手表，还有快乐的心情以及健康的身体。"姑姑心疼地对林婷说。听了姑姑的话，林婷如醍醐灌顶，她终于明白了，面对无法挽回的局面，应该调整情绪、积极面对，不能让消极的情绪左右自己。

于是，林婷不再为那只丢失的手表伤心了，她调整情绪，又拥有了快乐的心情。

积极的情绪体验能够激发人体的潜能，使其保持旺盛的体力和精力，维护心理健康；消极的情绪体验只能使人意志消沉，有害身心健康。为此，学会保持乐观的生活态度与情绪，对孩子来说是十分重要的。作为父母，要培养孩子乐观地面对人生，帮助孩子积极进取，克服一些他现在克服不了的困难，只有这样，才能教会孩子以正确的态度和措施保持乐观的态度。

理财意识要从娃娃抓起

理财是生活的重要一环，它不仅是成人应该掌握的，也是孩子应该了解的。正确的金钱观和理财方法，会成为孩子未来事业、生活的好帮手。

理财是一个过程，包括挣钱、消费、储蓄。父母亲指导孩子理财，是指让孩子了解、参与、实践挣钱、消费、储蓄的全过程。让孩子知道花钱容易挣钱难，挣了钱也不能全部花掉，还要储蓄，保证“财务安全”。

很多父母不愿意和孩子去讨论理财，一方面是觉得孩子还小，不应该让他整天绕着钱转；另一方面是觉得孩子不懂理财，跟孩子讲也没什么用。其实这些观念是不对的。从小让孩子接触理财，对孩子形成一个成熟的理财观念有非常大的帮助，在讨论的过程，不仅仅是亲子的过程，同时也是教会孩子理财知识的过程。

一个在金融界打拼多年的父亲，去世后留给未满20岁的儿子上亿元的财产。结果从他过世后，儿子即大肆买房、买跑车、出国旅游，恣意享受人生，结果不到三年，上亿元的遗产挥霍一空。

可见，若没有尽早培养孩子的理财意识、理财能力，留给他们再多的财富，终究也会被挥霍一空。

国内外教育专家认为：孩子越早接触钱，学会理财，长大后才能越会赚钱。关键是家长如何教会孩子花钱、理财。进入21世纪的孩子，则更不可忽视生存必备的基本素质——理财意识和理财能力。

理财是一种生存技能，让孩子学会理财是非常现实的选择。理财教育是家教的有机组成部分，是与伴随孩子健康成长的方方面面问题息息相关的。从小就有意识地培养孩子的理财意识和能力，指导孩子熟悉、掌握基本的金融知识与工具，从短期效果看是养成孩子不乱花钱的习惯；从长远来看，将有利于孩子及早形成独立的生活能力，使其在高度发达、快速发展的时代中，具有可靠的立身之本。

总之，理财教育要从孩子开始，这不但可以让孩子在接受理财教育的过程中正确对待金钱、运用金钱，学到一些判断价值和培育道德的尺度，懂得自尊、自立和负有责任感，促进其个性能力的发展，还能为其长大后独立理财和开拓事业打下一个较好的基础。

让孩子通过劳动去挣钱

要让孩子懂得，挣钱是不容易的，钱应该是通过劳动换来的，不应该是伸手要来的。家长要有目的、有计划地给孩子创造通过劳动挣钱的机会。

有一个小男孩家境很好，可是父母给他的零用钱却很少，因为父母总是告诉他，赚钱要靠自己付出劳动，因为他现在不能干什么活，所以零花钱自然就少。有一天，妈妈对他说：“儿子，你不是想有更多的零用钱吗？你可以试试这个办法。”

“什么办法？”小男孩急切地问。

“我们家的垃圾箱里有很多的饮料瓶，你可以捡来卖啊。”

“嗯，妈妈，这个主意不错。”

从此以后，小男孩就趁着空闲的时间去捡饮料瓶，有时还到邻居家上门收购。

后来，邻居干脆把用完的饮料瓶直接送到他家。

靠着卖饮料瓶子，小男孩已经挣了不少零用钱。

鼓励孩子自己挣钱，是以培养孩子成为一个自食其力的人为出发点的。只有体会到了挣钱的不易，孩子才会改正大手大脚、挥霍浪费的坏习惯，从而开始精心地计划自己的财务支出，这样就逐渐提高了他的理财能力。孩子也在体验中学会了理财的方法。

父母做出理财好榜样

父母要勤俭持家、精打细算，有理财意识和科学的理财方法，养成良好的节俭习惯，为孩子树立好榜样。都说家长是孩子最早的启蒙老师，一个花钱大手大脚、不会节俭的父母很难教会孩子如何科学地理财。

于淼过十岁生日时，妈妈给了她200元钱作为生日礼物。当天，于淼就拿着钱出去了，转了一天回到家后，她告诉妈妈说把钱花完了。

妈妈听后大吃一惊，问她钱都花在哪里了。于淼得意地从脖子上取下一串项链，告诉妈妈这是她用200元钱买的珍珠项链。

妈妈拿到手里仔细一看，项链竟然是用塑料做成的。她很生气，大声斥责孩子不应如此大手大脚花钱，更不该用200元钱买了条假珍珠项链。

没想到于森听后反驳妈妈说："我过生日花200元钱买了条假项链，您上次过生日还花1000元钱买了块假玉呢！还说我大手大脚花钱，您比我更厉害，您没有资格指责我！"妈妈顿时哑口无言。

家长是孩子消费的榜样和监督者，在孩子的日常消费中起着指导作用。父母要想提高孩子的理财能力，自己首先要过理财这一关。比如父母日常生活中要学会节俭，消费方面不受广告误导，理性消费，有计划地花钱，能够合理分配金钱的各种用途，避免透支情况的出现，通过正当的手段赚钱，不做投机倒把的事情。父母只有给孩子做出一个理财的好榜样，才能在潜移默化中对孩子产生深远的影响。

培养孩子储蓄的习惯

从小对孩子进行理财教育，教给孩子一些理财方法是每位父母义不容辞的责任。家长不仅要满足孩子对金钱的认识，还要训练孩子的理财技巧，并在生活中培养孩子储蓄的习惯。

储蓄是理财的基础。父母可以陪孩子到银行办理个人账户，也可趁机教导一些存取款的手续和知识。当孩子拥有自己的一本存折，知道其中的数字意义，他会愉快地看着日渐增加的存款，进而养成良好的储蓄习惯。如果存折里的数字很少，而孩子又有想买的东西时，他会自然而然地努力储蓄。

让孩子拥有良性竞争意识

现代社会是一个充满竞争的社会，一个没有竞争意识的人是很难适应社会生活的。孩子终归要长大成人，离开父母的庇护步入社会，独自在人生角逐场上搏斗、生存。谁不希望自己的孩子在竞争中出人头地、脱颖而出呢？这就需要注重对孩子竞争力的培养。

孩子要想去与人竞争，首先要有竞争意识，竞争意识是指对外界活动所做出的积极、奋发、不甘落后的心理反应，它是产生竞争行动的前提。现代社会是一个充满竞争的社会，有竞争才会有进步，有发展，对个人、集体、国家都是如此，一个人如果不具备竞争的意识和竞争的能力，很难在社会上立足。因此，要让孩子能适应明天的竞争，成为生活的强者，就必须从小注重对孩子竞争意识的培养。

李治民初中毕业后，从农村来到市里的重点高中上学，由于以前学校的教学质量不是很好，所以，他进入重点高中之后，就显得不能适应了。尤其在英语课上，他觉得自己总是听得云山雾罩，不知所措。

第一学期期末考试，他竟然没有一门功课及格，最惨的一科是英语，只得了36分。这一打击对李治民来说太大了，他觉得农村孩子始终比不上城市孩子，开始自卑和苦恼起来。于是，他就到小说里面寻找自己的“心灵寄托”，寻找一些虚无缥缈的感觉，并沉溺其中不能自拔。结果成绩更是一团糟，还差点儿被学校开除。他觉得自己与其在这里丢人现眼，还不如放弃学业。

爸爸知道他的这个想法之后，就对他说道：“什么？放弃学业？这与战场上逃兵有什么两样，即使你暂时能够逃避学习的竞争，进入社会后，你还能逃避社会的竞争吗？难道你真想一辈子当一个逃兵？”爸爸的这句话一下子激起了李治民强烈的自尊心。“逃兵？我怎么会是逃兵呢？逃兵会被人说三道四的，我绝对不做逃兵！”就这样，李治民为了不让自己成为逃兵而树立了坚定的信念，开始刻苦学习。

其实，李治民并不是个笨孩子，刚开始成绩不好，只是因为他还没有适应新的环境。现在他有了竞争意识，不甘心落后于人，决心超过别人，他的成绩也自然提高了。高考的时候，他的成绩打破了学校有史以来的最好成绩，进入了自己向往已久的大学。

从这个事例我们可以看出，如果李治民在暂时落后的时候，不想和别人竞争，一味地逃避，那么他就不会得到现在这样好的成绩，只能是个“逃兵”。

当今社会，大多数孩子都是独生子女，由于在家庭中缺少竞争机制，在生活上又事事被包办代替，接受锻炼的机会很少，由此养成唯我独尊、依赖别人、胆小怕事的个性，很容易使他在今后的社会竞争中受挫，而受挫后盲目行动，不懂得想办法克服困难。因此，作为家长要针对孩子当前存在的问题，给予足够的重视，采取一些正确、正面的教育方法，去培养孩子的竞争意识，使孩子具备一定的竞争能力，成为竞争中的强者。

指导孩子进行良性竞争

一些孩子在竞争中失败了，往往会流露出不高兴的情绪，会对获胜的一方充满敌意，不仅不再和对方交朋友，甚至怂恿别的伙伴去孤立他。这说明这些孩子还不能积极、正确地面对竞争。这就要求父母在培养孩子竞争意识的同时，提高孩子的竞争道德水平，教育孩子懂得良性竞争。

小娟从小学习优异，总拿第一名。但是，上了高中以后，尽管她学习仍旧努力，但在班上才进入前十名，她很不甘心。她留恋小学、初中时期的辉煌，留恋名列前茅的感觉。她要想办法找回初中时“领跑”的感觉。

因为缺乏正确的竞争心理，小娟进入了竞争误区。她见不得别人比自己好，一旦身边的同学考试成绩胜过自己，她就会觉得心里不舒服，疏远人家，排挤人家。为此，班上的同学越来越不喜欢跟她交往了。

慢慢地，小娟陷入了孤独无援的境地，她的心态越来越阴郁，而她的学习成绩更是每况愈下。

可以说，非正常的竞争心理导致小娟对事物、对成绩不能形成正确客观的认识，最终她走入了偏见，产生怨天尤人的思想，还影响她与其他同学的正常交往。对小娟来说，这种伤害是致命的，它可能会因此耽误小娟一生的发展。

为了孩子的健康成长，作为孩子的第一任老师，父母要积极培养孩子健康的竞争心态。对于一些竞争欲望过于强烈的孩子，父母要帮他们端正态度，让孩子明白竞争是展示自身实力的机会，是件美好的事，要用从容的心态看待超越和被超越，不应充满忌妒和愤懑。还要启发孩子在竞争中表现出高尚的情操，不要以打击对方的方式来达到自己的心理平衡，让孩子认识到竞争不应是阴险和狡诈、暗中算计别人，应是齐头并进，以实力取胜。

引导孩子向竞争对手学习

竞争对手既是我们的挑战者，又是我们的同行者，是对手唤起我们挑战的冲动和欲望。因为他们的竞争使我们成长得更快，所以，竞争对手又是我们最好的学习对象。引导孩子去学习竞争对手身上的优点，把对方当成自己学习上突破的一个动力，这样孩子就会收获到更多的东西。

新的学期开始了，读初二的吴斌下决心要将自己的学习成绩提升到班里前五名，他问爸爸应该怎么做才能达到预期的目标。爸爸说：“现在班里的前五名同学就是你的竞争对手，要想赶上或超过竞争对手，你就得了解竞争对手，虚心向竞争对手学习。你们班前五名同学都是谁，你知道吗？”他说：“我知道。”接着，他说出了前五名同学的姓名。爸爸又问：“第五名同学与你相比有哪些优点？”他说：“他非常热爱学习，学习很主动、很刻苦。课堂上勇于举手发言，自己弄不懂的问题就虚心向老师和同学请教。”爸爸又问：“第四名同学和你相比有哪些优点？”吴斌说：“她课堂听讲精力非常集中，对知识不死记硬背，能举一反三。”爸爸又问：“第三名同学与你相比有哪些优点？”吴斌说：“他非常珍惜时间，也很有毅力，对疑难问题从不放过，直到钻研明白、弄懂弄通为止。还有，他总是按时完成作业，还喜欢看课外读物。”爸爸接着又问：“第二名、第一名同学与你相比有哪些优点？”吴斌如数家珍都做了具体回答。最后爸爸说：“现在你知道应该怎么做了吧？记住，知己知彼，心里才能有底；学人之长，才能胜利有望。”吴斌恍然大悟，信心十足地说：“爸爸，我明白了。我一定会努力的！”爸爸充满希望地看着儿子说：“好儿子，我相信你能成功。”

在爸爸的启发和帮助下，吴斌看到了竞争对手的优势，找出了自己存在的差距，下力气比他们学得更好更刻苦。他的自身潜能得到了充分发掘，学习成绩提高很快，期终考试一跃名列全班第二名。

对手是自己的压力，也是自己的动力。正是因为有了对手，才有了竞争，才能激发自己的斗志，使自己格外地努力，从而战胜自我，超越自我。

但遗憾的是，很多孩子往往把自己的竞争对手当成自己的死敌来看待，害怕对方超过自己，而采取一些不正当的竞争方法，最后导致行同陌路人。其实这样的方法是很不可取的，所以，父母应该引导孩子不要怀着敌对的心态，而应把对手视为学习的动力、目标以及榜样。竞争是激烈的，但可以积极学习竞争对手的优点，主动与对手合作，向对手请教问题等。要辩证地看待竞争，而不只是局限于“争”这一个层面。如果把竞争对手视为自己学习上的伙伴和朋友，不但会使自己受益匪浅，也有利于他人的学习。学会处理竞争与合作的关系是很必要的，将为以后的学习和工作奠定良好的基础。

正确面对胜利和失败

只要竞争存在，就必然会有胜利和失败。家长要教育孩子，取得胜利时，不要骄傲自满，应继续保持强烈的进取心，向更大的成功迈进；遭遇失败时，也不要灰心丧气，应苦练本领，争取下一次取得胜利。

李小萌是一名初一的学生，她喜欢各项活动，也喜欢与大家一起比赛。但李小萌有个不好的毛病，就是如果自己比赛输了，就会心情郁闷，不爱说话，好多天后心情才能调整过来。而只要心情一转好，她又会参加下一轮的竞争、比赛。

妈妈很怕李小萌参加比赛，但如果不让她去又怕影响她的身心健康发展。妈妈就耐心地开导李小萌说：“比赛有赢就有输，输了要能面对和接受，心情不好不能解决任何问题。应该吸取经验，发奋努力，争取下次的胜利。你想想我说得对吗？”听了妈妈的话，李小萌认真思考了一下，冲着妈妈一乐，说道：“我知道应该怎么做了，谢谢你，妈妈。”

以后，李小萌不再为失败烦恼了。她一样喜欢参加竞技活动，喜欢比赛。输了就总结经验，发现不足，然后改进，争取下次的胜利。渐渐地，李小萌胜出的次数多了起来。

在竞争活动中，孩子既可能在竞争中脱颖而出，获得名次，也可能未成功出线，榜上无名。胜利时扬扬得意、失败时垂头丧气都是缺乏良好竞争意识的表现。父母要教育孩子，遇到胜利不要飘飘然，要想到“一山更比一山高”的道理，终点永远在前面，遇到挫折也别以为世界末日到了，告诉孩子“胜败乃兵家之常事”，关键是找出失败的原因，确定努力的方向。

学会自我激励，给孩子一份原动力

所谓自我激励，就是通过激发人的行为动机的心理，使人处于一种兴奋状态。这是一种积极的自我心理暗示，常能使处于不利地位的人打消自卑感，增强自信心和进取心。

德国人力资源开发专家斯普林格在《激励的神话》一书中写道：“强烈的自我激励是成功的先决条件。”世界上做出突出成绩的人，无不是在这种高度的自我激励下，朝着自己的目标不断前进，最终实现自己的理想的。

1972年，在墨西哥奥运会马拉松比赛中，出现了一个感人的场面：一位黑人选手在左膝盖受伤的情况下，凭着坚强的意志力跑完了全程。当他到达终点时，比赛的名次早已排满了记录板。事实上，他跑不跑到终点，都已经没有名次了。但是，他还是坚持跑完全程。当他跑到终点的时候，一位记者问他：“什么力量让你坚持一定要跑到终点？”他回答：“我只是不断告诉自己，一定要跑完！”

这种自我激励的精神让他赢得了全场最热烈的掌声。

自我激励，是一个人获得进取人生的内在动因。人的一切行为都是受到激励而产生的，通过不断地自我激励，就会使人有一股内在的动力，朝向所期望目标前进，最终达到成功。

自我激励，表现了战胜困难的高度自觉性和主动性，是一种积极、奋发、向上的心理状态。一个善于自我激励的人，总是能够发挥自身的潜能，创造出超越自己能力的神话；而一个不会自我激励的人，就算拥有良好的天赋，也无法开发出自己的潜力，甚至会走上绝路。美国哈佛大学的威廉·詹姆斯发现，一个没有受过激励的人，仅能发挥其能力的20%至30%，而当他受到激励时，其能力可发挥到80%左右，即一个人在通过充分的激励后，所发挥的作用相当于激励前的三至四倍。因此，只有学会了自我激励，才能不断地战胜自我，真正成为自己命运的主人。

陈凯在班级里成绩一般，每次看到考试成绩排在前十名的学生，陈凯就非常羡慕，真希望自己有一天也能像他们一样，受到老师的夸奖和同学的羡慕。陈凯想，我也不比他们笨，为什么做不到呢？为此，他为自己树立了一个目标：每次考试上升两个名次，相信一定可以达到最终目标。

陈凯学习更加努力了。虽然有时候只上升一个名次，他也不气馁，相信自己一定可以进入前十名。他不断地激励着自己，终于在半年后实现了自己的愿望，达到了全班第九名。他更加有自信了，相信自己一定能行，并定下向第一名冲刺的新目标。

孩子的行为多是通过激励产生的，只有不断地自我激励，才会产生一种强大的动力，让自己去取得更好的成绩。自我激励会鼓舞孩子做出选择并付出行动，促进孩子的发展。

自我激励是孩子成长过程中不可缺少的环节。自我激励能提升孩子的自我形象，同时，这些好形象、好表现，又会成为孩子自我激励的理由。如此形成一个良性循环后，就能从根本上推动孩子取得更大的进步。当然，教会孩子自我激励是一个长期、细致的过程，需要家长坚持不懈的努力。

帮助孩子确立自我激励的目标

目标就是前进的方向，它是人们迷茫时的召唤，在困难时毅然奋起的信心，是受挫时永不屈服的勇气，是失败时永不放弃的追求。

善于自我激励的人必然有自己的目标，他会朝着自己的目标不断前进，所以，父母要鼓励孩子树立自己的目标，并引导孩子向着自己的目标去努力。

一名小赛车手在比赛中得了第二名，他非常兴奋地跑回家，想把这个好消息告诉妈妈。他一冲进家门就叫道："妈妈，有35辆车参加比赛，我得了第二名！"

"这值得高兴吗？要我说——你输了！"母亲回答道。

"妈妈，你不认为第一次就跑第二名是很了不起的事吗？而且有这么多辆车参加比赛。"他抗议着。

"你用不着跑在任何人后面。如果别人能跑第一，你也能！"母亲严厉地说。

这句话深深刻进了儿子的脑海。

接下来的20年中，他称霸赛车界，成为运动史上赢得奖牌最多的赛车选手，他就是理查·派迪。

理查·派迪的许多项纪录到今天还保持着，没人能打破。20多年来，他一直未忘记母亲的责备——你用不着跑在任何人后面！母亲的这句话让他明白了一个道理，那就是一个人要不断地鼓励自我："我是最棒的！我要做第一！"

设定目标对孩子的一生都起着至关重要的激励作用，在很大程度上决定孩子未来发展的道路。在制定目标时，父母应从孩子的实际出发，不可过大过高，最好先制定那些容易达到的目标，然后再逐渐增加目标的难度。

让孩子学会时间管理

世界上有一个奇怪的银行，它给每人都开了一个账户，每天都往这个账户上存入同样数目的资金，如果你当天用完，余额不能记账，也不得转让，如果你不用，第二天就自动作废。这笔财富就是时间。

时间是人生最大的财富。如果说昨天是一张作废的支票，明天是一张没有兑现的期票，那么，只有今天才是握在手里的现金。既然人生最宝贵的财产已经掌握在你的手中，我们就好好地安排时间，利用时间。

《故事时代》收录了这样一则故事：

一个人的生命是有限的，如何珍惜时间、有效地利用人的短暂的一生，去成就更辉煌的事业，这是有志之士认真思考的人生课题。

时间的价值正如金钱的价值，体现在人们的价值观上。每个人对待时间的观念不同，价值也就不同。如果你珍惜时间，它就是一块金子；如果你不珍惜，它便是一块废铁。

时间管理对于每个人来说都是非常重要的，无论对大人，还是对孩子。教孩子如何珍惜时间、有效地利用人的短暂的一生，去成就辉煌的学业和事业，这是每一位家长应该认真思考的人生课题。

张敏是个初二学生，她的学习成绩并不出色。妈妈认为她学习不好的原因就是干什么事都磨蹭，把时间全浪费了。她总是该急的时候也不急，起床不紧不慢，写作业半小时能完成的，她也能磨蹭两个小时。妈妈为此经常批评李晓，要她珍惜时间，抓紧时间学习。但李晓总是对妈妈的话“左耳进，右耳出”，任凭妈妈磨破了嘴皮子，她就是我行我素，把大量的时间花在无关紧要的事情上。妈妈为此非常烦恼。

许多父母都有着与这位母亲同样的苦恼：孩子动作太慢，做起事情磨磨蹭蹭，慢条斯理，消耗不必要的时间，降低做事的效率，尤其是在学习当中，很多孩子有爱拖拉磨蹭的坏习惯，既耽误了自己的时间，有时候也影响了别人。大部分家长除了反复念叨和抱怨外，似乎并没有什么更好的办法。其实，家长不必着急，因为孩子的时间观念不是天生的，只要让孩子认清时间的重要性，开展科学严谨、循序渐进的时间管理阶梯训练，就一定能够从根上解决这个难题。

通过讲故事引导孩子珍惜时间

孩子往往对故事书很着迷，不如找一些有关名人守时的儿童读物，让他自己看，或者亲自给他讲一讲，有时也可以讲一些因为不遵守时间而造成重大损失的故事。

生动的故事能让孩子从中受到教育。生活中，父母可以通过讲故事的方式，使孩子逐步认识到珍惜时间的重要性，逐步树立时间观念，增强时间意识，从而使孩子在学习、生活中养成珍惜时间的习惯。

帮孩子制定“时间表”

人生犹如一张大的时间表，父母从孩子小的时候就应该培养他们根据自己的总体目标合理分配时间的习惯，对时间做出总体安排。

家长应与孩子一起讨论，制定时间表，让孩子感觉到时间的流逝以及时间与自己某些活动的联系。如起床、吃早饭、上学、中午放学回家、午睡、下午上学、下午放学回家、做家庭作业、上床睡觉等，该从什么时间开始干，最多花多少时间干完等。

媛媛是一个缺乏时间意识的人，为了帮其改正这个毛病，妈妈和媛媛一起制定了各自的作息时间表。他们把自己的时间表画出来，并且贴在自己房间最显著的位置，而且媛媛和妈妈达成协议彼此互相检查执行的情况。

于是，每天在媛媛睡觉前妈妈到媛媛的房间抽出一些时间来讨论检查当天计划的执行情况。

妈妈会问媛媛："今天你有没有按照时间表上的时间来完成作业，有没有按照时间表上规定的时间吃午餐？"如果媛媛连续几天没有按照时间表上的时间来执行的话，妈妈就会与媛媛讨论是否有什么地方需要修改或者增加一些分类。

同样媛媛也会用同样的问题来问妈妈，并且检查妈妈执行的情况，如果妈妈没有按照时间表的计划来执行，那么妈妈也会受到相应的惩罚。

这样进行了一段时间后，媛媛渐渐可以完全根据自己的事情和需要安排时间了，并且都执行得很不错。

让孩子制作作息表会给孩子提供学习有效管理时间和生活技能的训练。日常生活中，家长不应该将自己的想法和规则强加在孩子身上，而应把孩子看作独立的个体，和他一起商量制定适合的计划表，这是父母尊重孩子的表现。因为只有这样，孩子才能在平等民主的氛围下有一种参与感，体会到父母对他的尊重。而且，这样的时间计划表是真正意义上孩子自己制定的时间规则，孩子乐意接受。

掌握好时间期限

晓风写作业时经常会出现这样的问题，明明规定他一小时完成数学作业，可他花了两小时，妈妈说他做得太慢，可他委屈地说，我以为自己才用了一小时呢。要么就是妈妈让他读半小时的英语，还不到15分钟就不读了，妈妈问他为什么停下来，他说半小时到了呀。考试的时候他常常不能把握好时间，有时是时间不够用，老师让他下次抓紧时间，那么下次他肯定是提前交卷，结果错了很多题。

生活中也一样，今年寒假时他去奶奶家玩，奶奶出去买东西，让晓风十分钟后去把煤气灶关上，可等奶奶回来发现菜都烧糊了。奶奶责备晓风，可晓风说十分钟怎么这么快。

生活中有许多时间期限，如公交汽车时刻表、开始上课时间、交作业时限等，这种种时限对那些不善管理时间的孩子来说，往往意味着压力和烦恼。作为家长应该尽早让孩子知道时间期限的重要性，并身体力行地教会他们如何在最后期限到来前有条不紊地完成任务，达到目标。如果孩子没能达到目标，此时家长给予他们的应该是鼓励和帮助，而不是喋喋不休的抱怨和批评。

善于自省的孩子更容易成功

自省即自我反省，它是一个人得以认识自己、了解自己，并有效提高自己的最佳途径。自省，是对自己的行为、思想做深刻检查和修正人生道路的一种方法。懂得自省，人格才能不断趋于完善，人才能慢慢地走向成熟。通过自省，做人才会越来越成功，生活才会越来越幸福。

法国牧师纳德·兰塞姆去世后，安葬在圣保罗大教堂，墓碑上工工整整地刻着他的手迹："假如时光可以倒流，世界上将有一半的人可以成为伟人。"一位智者在解读兰塞姆手迹时说："如果每个人都能把反省提前几十年，便有50%的人可能让自己成为一名了不起的人。"他们的话，道出了反省之于人生的意义。

爱因斯坦小时候十分贪玩。他的母亲常常为此忧心忡忡，再三告诫他应该怎样怎样，然而这对他来讲如同耳边风。这样，一直到16岁的那年秋天，一天上午，父亲将正要去河边钓鱼的爱因斯坦拦住，并给他讲了一个故事，正是这个故事改变了爱因斯坦的一生。故事是这样的：

"昨天，"爱因斯坦父亲说，"我和咱们的邻居杰克大叔清扫南边工厂的一个大烟囱。那烟囱只有踩着里边的钢筋踏梯才能上去。你杰克大叔在前面，我在后面。我们抓着扶手，一阶一阶地终于爬上去了。下来时，你杰克大叔依旧走在前面，我还是跟在他的后面。后来，钻出烟囱，我发现一个奇怪的事情：你杰克大叔的后背、脸上全都被烟囱里的烟灰蹭黑了，而我身上竟连一点烟灰也没有。"爱因斯坦的父亲继续微笑着说："我看见你杰克大叔的模样，心想我肯定和他一样，脸脏得像个小丑，于是我就到附近的小河里去洗了又洗。而你杰克大叔呢，他看见我钻出烟囱时干干净净的，就以为他也和我一样干净呢，于是就只草草洗了洗手就大模大样上街了。结果，街上的人都笑痛了肚子，还以为你杰克大叔是个疯子呢。"

爱因斯坦听罢，忍不住和父亲一起大笑起来。父亲笑完了，郑重地对他说："其实，别人谁也不能做你的镜子，只有自己才是自己的镜子。拿别人做镜子，白痴或许会把自己照成天才的。”

爱因斯坦听了，顿时满脸愧色。

爱因斯坦从此离开了那群顽皮的孩子们。他时时用自己做镜子来审视和映照自己，终于映照出生命中的熠熠光辉。

一个人之所以能够不断进步，正是因为他能够不断地自我反省，找到自己的缺点或者做得不好的地方，然后不断改正。对成人而言，具备自我反省的能力，就能正确地认识自己的优缺点，自尊、自律，有计划地规划自己的人生。遇到困难和挫折时，能够及时调整自己的情绪，积极进取，渡过一次次难关，一步步走向成功。对于孩子来说，学会自我反省，更是关系到他们当前的良好发展和日后的人格塑造。一个不懂得自我反省的孩子，永远不会懂得自己的过错与不足，这只能为他们的成长平添许多障碍与烦恼，反之，当孩子学会了自省，便能做到扬长避短，获得良好的进步和发展，从而成为一个自信、自立、自律的人。只有这样的人，才能顺利地越过成长过程中的障碍，抵达成功的彼岸。

刘刚被选为班干部了，这本来是件值得高兴的事，但是，没过几天，刘刚却沮丧地对父母说：“我不想当班干部了！”

父母一问才知道，原来，孩子在当上班干部后，需要管理全班同学，许多同学对他表示不服，老是喜欢捉弄他。有时候，老师在不明真相的情况下，还会误会刘刚，这让刘刚感觉特别委屈。

刘刚愤愤地说：“做班干部真是费力不讨好，我每天牺牲了那么多的休息时间，处处以身作则，凡事总是吃亏，还得不到同学们的理解！”

妈妈了解原因后对刘刚说：“孩子，既然你已经做得很好了，为什么其他同学会不服你呢？是不是你有了骄傲的情况？或者你冷落了同学？还是你学习方面没搞好？或者你在处理同学之间的问题时没有注意方法和态度？”妈妈耐心地开导刘刚。

刘刚在妈妈的引导下开始反省自己。经过深刻反省，刘刚才意识到自己当了班干部后，不像以前那样与同学们一起玩了，总是把自己当成班干部去管其他同学，因此其他同学很不满意自己的态度。

事实证明，自我反省能力能够促使孩子更快地成长。他们通过反省及时修正错误，不断地调整自己的心态和做事方法，所以孩子掌握了自我反省的方法，就等于掌握了自我完善和健康成长的秘诀。

爱默生曾说：“人类唯一的责任就是对自己真实，自省不仅不会使他孤立，反而会带领他进入一个伟大的领域。”自我反省是孩子成长的一个秘诀。成长是一个不断摸索的过程，孩子难免在此过程中不断地犯错误。对成长中的孩子来说，反省的过程就是学习的过程。有没有自我反省的意识、具不具备自我反省的能力，决定了孩子能不能认识到自己所犯的错误，能不能改正所犯的错误，是否能够不断地学到新东西。

培养孩子每日反省的习惯

为了让孩子少走弯路，父母应该注重培养孩子在生活中养成良好的自省习惯，鼓励他们每隔一段时间或者每天对自己的行为进行反思。家长们不妨在每天晚饭后，让孩子好好问问自己几个问题：今天我到底学到些什么？我有什么样的改进？我是否对所做的一切感到满意？如果孩子每天都能有所改进并且过得很快乐，必然能有意想不到的收获。真诚地面对这些提出的问题就是反省，其目的就是让孩子不断地突破自我的局限，省察自己，开创成功的人生。

引导孩子进行自我反省

孩子的成长是一个不断犯错、不断改正的过程。当孩子犯有过错时，有些家长往往不能容忍，一味责备孩子，甚至打骂孩子，结果往往事与愿违。如果家长能心平气和地启发孩子，不直接批评他的过失，孩子会很快明白家长的用意，愿意接受家长的批评和教育，而且这样做也可让孩子进行自我反省，明辨自己的过失。

爸爸下班回家，给女儿洋洋带回来两条美丽的小金鱼。洋洋十分喜欢，把鱼儿放在玻璃缸里，看它们在水中自由地游动。有一天，洋洋突发奇想，把金鱼从水中捞出来，丢在了地板上。看到金鱼不停甩动尾巴，洋洋觉得很好玩。

“洋洋，你怎么这么残忍！鱼会干死的，赶快把它们放回水里去。”爸爸看到这一情景，大声呵斥洋洋。洋洋无动于衷，对爸爸的呵斥置若罔闻。这时，妈妈走过来说：“洋洋，如果你口渴时不给你水喝，你会怎样呢？”

“我会很难受。”洋洋有过口渴难耐的经历，便不假思索地说。

“是啊，没水喝很难受，可你把鱼从水里抓出来丢到地上，让它们没水喝，你说它们难不难受啊？而且，鱼是水生动物，比人类更需要水，一旦离开水，会很快死掉的。它们拼命甩动尾巴，是因为它们太难受了。”外婆开导洋洋。

洋洋不作声了。沉思了片刻，洋洋对妈妈说：“我错了，我以后再不把金鱼丢到地上玩了。”

当孩子做错事时，父母不要一味地斥责，这样容易引起孩子的反感，甚至会激发起孩子的逆反情绪。父母可采用冷静的态度，从侧面引导孩子进行自我反省，认识自己所犯的过失，从而帮助孩子形成正确的是非观念。

让孩子自己承担犯错的后果

孩子做错了事情，父母不要事事为孩子承担，要鼓励孩子认真分析错误，主动承担后果。父母要让孩子懂得，如果是自己办错了事，就该自己负责，从而使其引以为戒。

小威已经上小学三年级了，可每天还需要奶奶提醒他做作业、带好东西等。有一段时间，奶奶回老家去看望亲戚去了，小威不是忘记带书本，就是忘记做作业，早上上学也因为没有奶奶的提醒而经常睡过头。因此，小威不高兴地对父母说："都怪奶奶，要是她在这儿，我今天就不会忘记带课本了。还有你们，怎么也不提醒我一下，今天都被老师批评了！"可惜，这位母亲没有抓住教育孩子的机会，反而自责起来。这时小威又说："妈妈你就不能叫我早点起床吗？奶奶都会准时叫我的，为什么你不可以呀？"对于自己这些缺点，小威从没有自我反省过。同时，他的家人也没有意识到，孩子自我反省的能力和承担责任的意识如此之差。

如果孩子做错了事，家长只是批评而不让孩子承担犯错的后果，就会使孩子觉得即使做错了也没关系，从而丧失责任心，这样不仅不利于培养孩子自我反省的能力，还会使他以后容易再犯类似的错误。所以，家长应该让孩子自己去承担犯错的后果，这样才会促使孩子学会反省。

培养孩子独立自主的能力

歌德曾经说过：“谁不能主宰自己就永远是一个奴隶。”让孩子从小学会独立，是为了使孩子自己主宰自己的命运，从而为孩子的人生奠定立足之本。可是现今的大多数独生子女，在父母过分的呵护和娇惯之下，非常缺乏独立性。甚至有些孩子，除了上学读书之外，生活中的事他们一概不知，这样的孩子将来走上社会，怎么会成功呢？

我国著名教育学家陈鹤琴先生曾说过：“凡儿童自己能够做到的，应该让他自己做；凡儿童自己能够想的，应该让他自己去想。”这是一条符合教育规律的至理名言，不仅对培养孩子的独立性、自理能力很重要，同时也培养了孩子的责任感，使孩子能对自己的生活、行为负责。所以说，如果放手让孩子自己做，我们的孩子将会得到锻炼的机会，我们也会发现孩子的潜能是无穷的；如果我们一直“大手帮小手”，我们的孩子将会在无形中被剥夺许多发展的机会。

一个知名企业的董事长接受记者采访被问道到底他的成功应该归功于曾经就读过的哪个学校时，他的答案并不是斯坦福大学，而是蒙特梭利小学。因为在那样的环境，他学会了“自己的事，自己负责、自己解决”。

任何一位父母，都不可能包办孩子的一生。孩子的将来，包括学习、工作以及事业的成功，都要靠他们自己去闯、去努力、去奋斗。而这一切，没有自立、自强的意识和精神，是很难取得满意的结果的。父母应该明白，独立既是生存的需要，也是孩子成长中的必然一课。

罗伯特·汤森说：“人最终要独立地走向社会，就必须拥有自主独立的能力。”因此从小就要培养自我意识，培养自主、自立、自强的精神，认知和实践能力。自我发展本身也是个人对自身的一种反思。正是从这种反思中人才不断地找到自我，超越自我，实现自我。独立就是自我生存的意识和能力。只有一个人具备了独立的意识和能力，才能比较容易地适应社会，摆脱逆境，把握机遇，发展自己。所以，父母应该重视对孩子独立性的培养，在孩子很小的时候就有意识地培养他们的独立性。

尊重孩子的独立意识

幼儿园组织亲子秋游，孩子们都自己背着双肩包，神采奕奕地互相打招呼。这时，珊珊妈妈说：“珊珊，妈妈来帮你拿包，包里重，你背不动的，会累的。”原本高高兴兴的珊珊一下子就嘟着嘴说：“妈妈不要你背！我自己的东西自己背，不要你帮助，我不怕累！”

珊珊妈妈接着说：“珊珊你还小，等长大了出去游玩妈妈会让你背包的。”珊珊不服气地说：“妈妈，你说的话忘记了？你不是说我已经长大了，自己的事情要自己做吗？”妈妈哑然，会心一笑，自言自语：“珊珊真的长大了。”

任何孩子都具有独立意识，这种意识是培养孩子独立性的先决条件。孩子在很小的时候，就有很强的独立意识，所以，父母要尊重孩子的独立意识。在孩子主动要求做一些事情时，不要因为孩子小而不予以支持，从而导致孩子自己动手的意识在萌芽状态中就被扼杀了。相反，当孩子要求自己做的时候，父母就要因势利导，多给予鼓励和赞扬。

给孩子独立生活的机会

现代的孩子，物质享受大都比较丰富，文化生活也比以前丰富了许多，所缺少的就是独立自主的精神。

一位母亲为了考上美国某著名大学的“神童”儿子能衣食无忧，不惜一切代价要拿到美国绿卡，去陪儿子一起读书。终于，儿子在母亲的陪同下去了美国。她省吃俭用，变着花样给儿子弄好吃的、好穿的。几年后，儿子找到一家好公司去上班，母亲却因为过度劳累而重病不起。自从母亲病倒后，儿子就因为生活不会自理而被公司解雇。儿子要另找东家却连连碰壁，最后落得沦落街头的悲惨结局。

苏联教育家马卡连柯说过：“一味地抱着慈悲心肠为子女牺牲一切的父母，可以算得上最坏的教育者。”父母爱孩子是人之常情，但是爱孩子的时候要有原则和尺度，父母要控制住自己的感情，给孩子独立生活的机会，让孩子真正成为独立的个体。

把选择的权力交给孩子

孩子的自主性往往表现在他的选择上，但家长由于怕孩子自己选择错了，总是不敢把选择的权力交给孩子。可是，如果从来不给孩子选择的权力，他也就永远学不会选择，永远没有自主性。在日常生活中，父母要让孩子学会自主选择，多给孩子选择的机会，这样一来，孩子就会感受到他们被尊重、被信任，从而带给他们自信和成就感，使他们感受到自己能把握生活。

世界首富比尔·盖茨小学毕业后，父母将他送进了西雅图市一所私立中学学习。

盖茨中学毕业时，很想进入哈佛大学读书，这也是父母的最大心愿。但是在专业的选择上，父亲与儿子却发生了严重分歧。盖茨的父亲在美国律师界的声望很高，他十分希望子承父业，所以主张盖茨选择法律专业。但盖茨对学法律当律师没有多大兴趣，他热衷的专业是数学和计算机。

父亲经过冷静思考，意识到若强迫盖茨学法律，只会扼杀他在计算机方面的天赋，对儿子的长远发展肯定是不利的。最后，父母尊重了盖茨的专业选择，决定由儿子做主，让他在计算机领域自由发展。

然而，更大的分歧出现在盖茨进入哈佛一年后：盖茨决定离开这所世界一流的学府，与朋友一起创办计算机公司。这对他的父母来说是一个棘手的难题，他们百思不解，开始时也极力反对，但到最后不得不尊重儿子的选择。

比尔·盖茨自己做主的这次重大选择，无疑改变了他的一生，奠定了他成为全球“电脑王国”无可争议的领袖地位的基础。

比尔·盖茨最幸运的地方在于，他有开明的父母，在他选择学校、选择专业、选择退学创业这几个重大决定时，最终都得到了父母的理解和支持。正是父母让盖茨自己做决定的这几次正确的选择，使盖茨的天赋、兴趣与他的事业找到了最佳的契合点，成就了他今日的宏大事业。

孩子的成长过程是一个不断发展变化的过程。在孩子的成长道路上，会遇到许多十字路口，随时都要面临选择。家长要注重孩子这种能力的培养，它是建立在对自己负责的基础上的。尽管有的孩子年龄尚小，但也有自己独立的人格，孩子的事应该由他自己做出决定。如果家长能够把选择的权力交给孩子，尊重孩子的选择，孩子就会对自己负责。